AS OITO ETAPAS PARA ALCANÇAR O BEM-ESTAR

Elaine Brzycki, Ed.M.
e Henry Brzycki, Ph.D.

AS OITO ETAPAS PARA ALCANÇAR O BEM-ESTAR

técnicas simples e eficazes
para melhorar a saúde mental
em um mundo acelerado

Tradução
Mário Molina

Editora
Cultrix
SÃO PAULO

Título do original: *Purpose and Possibilities – How to Transform Your Life*.
Copyright © 2023 Elaine J. Brzycki e Henry G. Brzycki.
Copyright da edição brasileira © 2023 Editora Pensamento-Cultrix Ltda.
1ª edição 2023.
Todos os direitos reservados. Nenhuma parte desta obra pode ser reproduzida ou usada de qualquer forma ou por qualquer meio, eletrônico ou mecânico, inclusive fotocópias, gravações ou sistema de armazenamento em banco de dados, sem permissão por escrito, exceto nos casos de trechos curtos citados em resenhas críticas ou artigos de revistas.

A Editora Cultrix não se responsabiliza por eventuais mudanças ocorridas nos endereços convencionais ou eletrônicos citados neste livro.

Conceito e *design* da capa por: Elaine Brzycki, Henry Brzycki e Michael Brahosky (MB Designs).

Editor: Adilson Silva Ramachandra
Gerente editorial: Roseli de S. Ferraz
Preparação de originais: Alessandra Miranda de Sá
Gerente de produção editorial: Indiara Faria Kayo
Editoração eletrônica: Cauê Veroneze Rosa
Revisão: Erika Alonso

Dados Internacionais de Catalogação na Publicação (CIP)
(Câmara Brasileira do Livro, SP, Brasil)

Brzycki, Elaine
   As oito etapas para alcançar o bem-estar : técnicas simples e eficazes para melhorar a saúde mental em um mundo acelerado / Elaine Brzycki, Henry Brzyrcki ; tradução Mário Molina. -- São Paulo : Editora Cultrix, 2023.

   Título original: Purpose and possibilities : how to transform your life
   Bibliografia.
   ISBN 978-65-5736-273-0

   1. Atenção plena 2. Autoconhecimento 3. Bem-estar 4. Crescimento pessoal 5. Saúde I. Título.

23-167985   CDD-158

Índices para catálogo sistemático:
1. Saúde : Bem-estar : Psicologia 158
Cibele Maria Dias - Bibliotecária - CRB-8/9427

Direitos de tradução para a língua portuguesa adquiridos com exclusividade pela EDITORA PENSAMENTO-CULTRIX LTDA., que se reserva a propriedade literária desta tradução.
Rua Dr. Mário Vicente, 368 — 04270-000 — São Paulo, SP – Fone: (11) 2066-9000
http://www.editoracultrix.com.br
E-mail: atendimento@editoracultrix.com.br
Foi feito o depósito legal.

De mim para você.

Sobre a capa do livro

A ilustração da capa foi baseada numa bela flor, incluindo as raízes, para representar, de modo metafórico, a transformação tanto interior quanto exterior.

O trabalho interior é representado pelas raízes, que, na maior parte das vezes, não vemos, enquanto a bela expressão desse crescimento interior no mundo exterior é representada pela flor e pelas folhas.

Continuando a metáfora, a flor não procura a aprovação de ninguém e tem a liberdade de ser ela mesma e expressar de maneira completa aonde quer chegar. Assim como a flor, somos uma parte única, maravilhosa e essencial da vida se desenvolvendo segundo a própria maneira de ser.

Como seres humanos, temos vocação para criar uma vida plena para nós mesmos e fazer diferença para os outros. Este livro o ajudará a criar essa vida mais plena e fazer a diferença.

SUMÁRIO

Introdução — 9
Um Livro Sobre sua Vida

Capítulo 1 — 31
Primeira Etapa: Criação de uma Vida Centrada no Bem-estar

Capítulo 2 — 40
Segunda Etapa: Reflexão Sobre Significado Pessoal

Capítulo 3 — 46
Terceira Etapa: O Conhecimento de Si Mesmo como Fonte de Todas as Possibilidades: o Eu Integrado

Capítulo 4 — 96
Quarta Etapa: Conexão com o Bem-estar

Capítulo 5 — 107
Quinta Etapa: Superação de Obstáculos ao Crescimento: Arrependimentos e Ressentimentos

Capítulo 6 — 117
Sexta Etapa: Como Ouvir seu Eu Mais Profundo pela Meditação *Mindfulness* (Atenção Plena)

Capítulo 7 Sétima Etapa: Transformação da Consciência	**124**
Capítulo 8 Oitava Etapa: Criação de Propósito e Possibilidades Futuras: o Indicador do Sucesso	**142**
Capítulo 9 Crie uma Equipe de Apoio	**168**
Capítulo 10 Reconhecendo a Si Mesmo e aos Outros	**174**
Nota aos Nossos Leitores	**184**
Referências Bibliográficas	**185**
Sobre os Autores	**190**

Introdução

Um Livro Sobre sua Vida

De vez em quando é escrito um livro que fala à consciência de uma época – é o livro para a nossa época. A humanidade vem buscando um significado mais profundo para a vida, um senso de propósito que explique por que ela é importante e como fazer mudanças significativas. Este livro é para quem busca esse propósito maior na vida e quer descobrir e aproveitar novas possibilidades de criar uma existência feliz, saudável, consciente e próspera.

Para a maioria dos que vivem em nossa sociedade contemporânea, a vida cobra um pedágio do bem-estar emocional, psicológico e físico. Não temos nem a estrutura nem as capacidades mentais para enfrentar de maneira adequada as tremendas exigências da vida moderna. Essa inadequação coloca a maioria das pessoas em níveis crescentes de ansiedade e depressão, deixando-as desconectadas de suas experiências de alegria, amor, felicidade, paz interior, carentes de um senso de objetivo na vida, no sentido pessoal e profissional.

Como podemos enfrentar os preocupantes e onipresentes dilemas humanos que caracterizam nossa sociedade ou, pelo menos, saber como processar o bombardeio diário? Com crianças sofrendo *bullying* nas escolas por causa de diferenças étnicas ou de *status* social; com o abuso de heroína devido à síndrome de estresse pós-traumático; com taxas crescentes de depressão, alienação e suicídio entre adolescentes devido aos fatores de estresse cada vez mais presentes, além da falta de esperança sobre o futuro; com um número cada vez maior de episódios de estupro e abuso de álcool em *campi* universitários; e recordes de excesso de peso e obesidade, só para citar alguns tópicos – acho que dá para concordar que algo não está lá muito certo em nossa sociedade.

Para onde você olha quando quer melhorar as coisas para você e para os outros? Tudo começa com *você*.

De início, queremos deixar bem claro que *este livro* é sobre você. É sobre sua vida. Ninguém sabe mais da sua vida que você – como ela é, como ela vem se desenrolando e como quer que ela seja. Pedimos que reflita sobre como é sua vida agora e como você quer que ela seja. Isso dispara, de forma automática, uma importante dinâmica interna e natural que é boa para nós.

Ao refletir sobre sua vida atual, talvez perceba que algo não está lá muito certo; você pode desconfiar de que não está a caminho de entender nem de alcançar seu pleno e singular potencial. Pior, pode estar tão envolvido no passado – nos problemas da família, dos amigos e mesmo nas complexidades da vida contemporânea – que já nem entende muito bem quem é você. Ter *consciência* disso é uma coisa boa e normal.

É nesses momentos ou nessas experiências – quando sente que quer ou espera mais da vida – que o crescimento e a mudança se fazem possíveis. Mas é preciso reservar um tempinho e certo espaço para fazer o trabalho árduo de ser totalmente honesto consigo mesmo. Nós o encorajamos a fazer o trabalho em você, para você!

Podemos estar em vários estágios de crescimento, mas *estamos* crescendo. Como mostra a flor na capa, bem lá no fundo estamos crescendo, estendendo nossas raízes, para dentro de nossa alma; e, ao mesmo tempo, vamos dando expressão ao ego, ao ego pleno e à singularidade de nosso potencial no mundo, tornando nossa vida e o mundo um lugar melhor para nós, para os demais presentes nela e para toda a humanidade.

Você pode estar se envolvendo com este livro na esperança de se precaver de sintomas ou diagnósticos de problemas mentais ou físicos. O trabalho que está prestes a conhecer tem sido bastante usado nas melhores práticas de prevenção. Sim, podemos impedir suicídio, ideias suicidas ou automutilação ao entender a importância de priorizar, antes de qualquer outra coisa na vida, o próprio bem-estar. Transformar em prioridade o bem-estar emocional e desenvolver aptidões para desfrutar e vivenciar a vida é mais importante, por exemplo, do que fazer os outros se sentirem melhor à custa de nossos sentimentos.

Você pode prevenir a depressão de várias maneiras; um caminho é pelo corpo físico e pela boa nutrição. Por exemplo, se

11

estiver sofrendo de depressão ou enfrentando episódios depressivos, pode atentar para o exagero de certos alimentos, como o trigo, em produtos como pães, massas, sopas e molhos. O trigo interage com seu sangue de modo similar ao álcool, transformando-se com rapidez em açúcar e criando uma sensação imediata de bem-estar, após a queda de açúcar no sangue. Além disso, as lecitinas do trigo interagem com o trato digestório de modo a retardar sua taxa de fluxo. Os riscos para a saúde e as implicações desse potencial problema digestivo são profundos e abrangentes.

Há também consequências emocionais, como não se sentir muito bem por estar um tanto letárgico, e vivenciar um diálogo interior negativo sobre não saber lidar bem com seu peso ou problemas de saúde. Esse monólogo negativo pode espiralar para baixo e nos colocar em um estado depressivo.

Contudo, nem passaria pela cabeça de muita gente a possibilidade de explorar medidas preventivas de nutrição, pois elas colocariam em xeque hábitos desenvolvidos no decorrer de anos ou gerações. Queremos encorajá-lo a explorar os inúmeros programas nutricionais que mais se adaptam a seu corpo e tipo sanguíneo. Abrir-se a novas possibilidades requer a disposição de procurar e pensar em novas abordagens que possam ir além da atual compreensão.

"Possibilidades" são estados latentes de ser que nos levam para além do modo como pensamos hoje, abrindo perspectivas que até agora não estavam à disposição. Na realidade, novas possibilidades psicológicas ou cognitivas estão sempre disponíveis; há sempre novos caminhos para criar uma pessoa nova e uma nova vida. Isso costuma ser empolgante e pode

INTRODUÇÃO

transformar sua atitude de resignação em senso de abertura a novas possibilidades, trazendo, ao mesmo tempo, emoções positivas e novas circunstâncias de vida; é como ver as circunstâncias atuais através de uma nova lente. O que discutimos aqui é a psicologia do bem-estar e a relação integrada de mente e corpo – sua conexão mente-corpo.

Você também pode estar precisando de autoajuda devido a um trauma de infância ou adolescência. Traumas nos isolam da vida, impedindo-nos de vivenciar nossa existência com plenitude. Em termos clínicos, isso é conhecido como "dissociação", em que a aptidão para vivenciar emoções na vida diária é silenciada, enfraquecida ou entorpecida. Não se esqueça da canção de Pink Floyd, a popular e hoje clássica banda de *rock*: "We have become comfortably numb" [Ficamos chapados numa boa]. Os métodos deste livro podem ajudá-lo a curar ou a reparar esse isolamento emocional devido ao trauma.

Lembre-se que trauma, tristeza, perda e sofrimento são parte da vida, e o fato de já ter vivenciado essas coisas é sinal de que você, como qualquer outro ser humano, está no mundo. No entanto, se estiver vivenciado *agora* um trauma psicológico ou físico, ou qualquer tipo de maltrato, procure de imediato ajuda profissional ou entre em contato com alguém de confiança que possa encaminhá-lo a uma assistência clínica. Colocar seu bem-estar em primeiro lugar significa sair o mais depressa possível da área de risco.

Você também pode querer usar este livro para seu crescimento pessoal: para refletir sobre si mesmo, aprender mais sobre quem é e por que está no caminho em que está, investigando o que seu destino tem de singular, analisando seu propósito de vida e se há, a seu dispor, possibilidades que ainda não viu e das quais ainda não está ciente.

De vez em quando, ao empacarmos na trilha da vida, temos de reservar um tempinho para nós a fim de colocar no mais eficiente contexto ou na melhor perspectiva possível as questões e preocupações que surgem como obstáculos, limitações ou restrições. Essas questões e preocupações em geral se apresentam durante transições significativas de vida; elas podem afetar, de forma drástica, nossa capacidade de ver e alcançar o que é possível para nós e nossos relacionamentos, famílias, filhos, vida profissional, organizações e comunidade. Família e restrições sociais – que se manifestam, na maioria das vezes, como crenças instituídas ou moldadas em nível pessoal – são as mais comuns.

Um exemplo de como uma crença, seja consciente ou inconsciente, pode influenciar o que pensamos sobre nós mesmos e nossa vida vem de uma família cujos membros sofriam de doenças cardíacas e obesidade; a mãe e dois filhos foram diagnosticados como obesos. Quando indagados sobre como se sentiam naquela condição pouco saudável, mostraram-se conscientes de que não eram sadios, e que a obesidade contribuía para inúmeros outros problemas de saúde, destacando-se, nesse caso, que o filho mais velho já havia desenvolvido um problema cardíaco. Quando questionado sobre a deterioração de seu estado de saúde, o filho mais velho declarou que a obesidade e os problemas cardíacos eram de família, que o pai morrera de problemas do coração, assim como acontecera com o avô e, como era muito provável, aconteceria também com ele. Foi bastante prosaico em sua descrição e mostrou ter clareza

INTRODUÇÃO

sobre o potencial do rumo que seguia e seu resultado previsível. Embora em raros casos se encontrem pessoas com males cardíacos congênitos e irreversíveis, a ciência médica nos diz que a esmagadora maioria dos problemas cardíacos são baseados em comportamentos e, portanto, podem ser evitados com uma mudança de mentalidade e novos comportamentos.

Contudo, quando indagado sobre se queria orientação a respeito de como alterar sua situação e aprender a comer, a se exercitar e a fazer mudanças pessoais fundamentais, mostrou-se resignado a enfrentar seu futuro mais provável e declinou. Mesmo o convite para aprender a fazer pratos mais saudáveis foi recusado. "Por quê?", você deve estar se perguntando.

Sem dúvida, ele estava preso a suas crenças sobre saúde e família, e de alguma maneira as crenças aprendidas na cultura familiar eram uma força mais poderosa e dominante, guiando os pensamentos e as sensações que tinha a respeito de si próprio, sua saúde e trajetória de vida. De fato, é possível afirmar que aderir a essas crenças era mais importante que alterá-las. É bem provável que sentisse que a única conexão sincera com os membros da família se dava quando lamentavam sobre os problemas comuns de saúde.

Por que pessoas de qualquer idade – adolescentes, jovens adultos ou adultos – não assumem responsabilidades com mais frequência nem demonstram iniciativa para explorar seu impulso interior de criar um ego e um mundo melhores? Na maioria das vezes, é porque estão presas à própria mente, com crenças não analisadas e suposições sobre quem "deveriam ser". Esse falso eu é aprendido por meio de princípios familiares que permitem apenas certos valores, costumes e comportamentos considerados aceitáveis, enquanto emoções consideradas de algum modo inaceitáveis são reprimidas pela cultura familiar. No caso dessa família pouco saudável, as dificuldades e a tristeza com relação à saúde dos familiares tornou-se uma maneira de as pessoas se sentirem próximas umas das outras e da família como um todo, e cada um assumiu a identidade da família como sua. Em suma, encontraram consolo nisso. Um falso eu é moldado; nenhum dos indivíduos sabia quem era em separado da família, tampouco como se sentia em relação à própria condição física. Ninguém se sente bem quando é obeso ou sofre de um problema cardíaco. A pessoa não tem energia para dar conta de simples tarefas e objetivos diários, muito menos para sonhar com uma vida que exija mais energia para ser bem-sucedida.

Esse falso eu se aprende também por meio de nossa cultura contemporânea, com seu conjunto limitado de valores, costumes, comportamentos e emoções aceitáveis. E, como podemos determinar de imediato, essas forças são extremamente poderosas, onipresentes, ubíquas e destrutivas. Tais forças podem ser destrutivas para a plena expressão do próprio senso de individualidade de uma pessoa e de seu senso interior de ter um destino na vida, ou mesmo para instintos e emoções humanos básicos, que servem como fonte de motivação interior para o indivíduo crescer, mudar e fazer uma contribuição singular para o bem maior.

Outro falso eu pode ser gerado pelo próprio ego. O ego é reativado quando se apresenta uma situação que evoca emoções como medo, vergonha, ansiedade, raiva ou necessidade de dominar os outros. Quando somos desafiados a ponto de termos de nos defender ou agir com medo ou raiva com relação a

INTRODUÇÃO

outra pessoa, nosso ego está sendo solicitado pelo eu interior a redesenhar a identidade que foi moldada em torno dele. Nossa identidade é constituída de um conjunto ou arcabouço de crenças aprendidas por meio de experiências de vida. Quando percebemos que nos custa mais manter a identidade do ego que redesenhar a identidade do eu interior (rumo a um novo conjunto de crenças mais adequado à vida corrente e futura, e à visão de quem queremos nos tornar), sentimos paz interior, uma tranquilidade. Não temos mais de defender o velho eu ou o velho ego, a identidade desatualizada. Esse processo ocorre de modo constante e, portanto, estamos em uma transformação perpétua, literalmente a cada segundo, a cada respiração, a cada nova experiência.

Como mudar e crescer

Você quer mudar e crescer! Isso é fundamental para quem você é; você não pode evitar essa força natural que reside profundamente dentro de si. Alguns chamam essa força inegável de espírito ou o caminho pelo qual se manifesta o senso de seu destino. É seu interesse mudar – e é em seu benefício! De qualquer modo, se estiver em constante transformação, você pode também se encarregar dos processos de mudança e ir na direção que quiser.

As mudanças podem acontecer em termos cognitivos, emocionais, físicos, ou todos eles em uma versão holística – mente, corpo, alma. Quando uma parte de você muda, é como um móbile; em graus variados, todas as partes são afetadas.

17

É possível ajudar as pessoas a se definirem e depois a se transformarem para se tornarem quem desejam e estão destinadas a ser. E existem métodos que têm sido usados há quarenta anos para transformar vidas. O primeiro passo no processo de mudança é fazer perguntas que revelem seus sonhos mais arraigados e sua visão mais elevada com relação a si mesmo, seus relacionamentos, comunidade ou sociedade em termos mais amplos. Podem se fazer perguntas como "Quais são minhas esperanças e sonhos mais elevados de vida?" em cada uma de suas experiências no dia a dia, durante seu tempo de reflexão pessoal e em família, no ambiente escolar, local de trabalho e comunidade.

Ficamos impressionados em até que ponto pessoas de todas as idades que se interessam por essas questões fazem mudanças positivas a respeito da própria visão de sucesso. Temos trabalhado com gente de todas as idades, pronta a se envolver ativamente com as questões sobre o eu interior. Devido à sua universalidade, essa investigação é apropriada para qualquer estágio da vida, quer esse estágio traga um foco na ação e realização, ou na contemplação e conclusão.

Família, escola e outras organizações não costumam atribuir alta prioridade ou grande importância em estimulá-lo a descobrir seu propósito singular de vida nem a se dar conta de novas possibilidades. Infelizmente, estão mais preocupadas em continuar incutindo crenças para garantir que nos ajustemos ou aceitemos o sistema predominante. Em última análise, cabe a você ultrapassar toda e qualquer dinâmica familiar ou o que aprendeu na escola para criar *a si próprio*. Isso não significa rejeitar por completo toda e qualquer crença herdada da família

INTRODUÇÃO

ou da comunidade local. Significa apenas tomar consciência de que é uma pessoa específica, distinta de outras, e não imersa nessas crenças. Você pode, é claro, optar por adotá-las para superar certas circunstâncias, para crescer em seu sentimento de ver um propósito de vida mais elevado.

Temos atuado como liderança de indivíduos, famílias, escolas K-16[1] e outras organizações cuja moldura abrangente do aprendizado socioemocional, do sucesso e do bem-estar do aluno está baseada na psicologia do bem-estar, colocando-o antes de mais nada como fator capacitante de resiliência e sucesso ao longo da vida. Foi por isso que escrevemos este livro – para colocar a força de uma vida feliz, saudável e próspera nas mãos das pessoas. Isso elimina a necessidade de confiar em serviços de apoio, muitas vezes ausentes, oferecidos em famílias, escolas, consultórios de terapeutas ou outras instituições. Mesmo quando esses serviços são necessários, viáveis e estão disponíveis, a pessoa é mais bem servida quando *ela* assume a responsabilidade de escolhê-los e tem uma ideia concreta do que pretende obter quando recorre ao serviço.

Queremos colocar em suas mãos os métodos ou as melhores práticas de fazer o que é melhor para você.

Pesquisas demonstram que as pessoas não estão saindo da criação familiar nem do sistema educacional com a estrutura mental e respectivas capacidades para atender de forma adequada às avassaladoras exigências da vida moderna. A questão da saúde mental e do bem-estar vai se tornando cada vez mais aguda à medida que a vida na sociedade moderna se torna cada

---

1. K-16 é um movimento norte-americano que busca reunir e articular os vários níveis de educação que existem nos Estados Unidos para jovens estudantes. (N. do T.)

19

vez mais complexa. Temos necessidades ampliadas e enfrentamos um número maior de desafios e transtornos mentais e físicos. Nossa sociedade não vem abordando nem avaliando de maneira adequada essas necessidades e desafios. Como resultado, estamos vendo terríveis e sinistras estatísticas sobre *bullying*, crimes de ódio, trauma, ansiedade, depressão, agressão sexual, abuso de drogas, suicídio, doenças físicas baseadas em comportamento etc.

As pessoas em nossa sociedade não estão bem. Estamos em meio a uma crise de bem-estar. Temos muito trabalho a fazer no mundo para comunicar nossas ideias sobre como ajudar a humanidade nos dias de hoje.

O papel das emoções

As emoções são importantes porque nos motivam a crescer, a nos desenvolver e a fazer diferença no mundo – no mundo real. Sem emoções e raciocínio motivado, a mudança não será possível. Quando você sabe o que quer e, por alguma razão, apaixonou-se por isso, está criada a "tensão estrutural". Tensão estrutural é uma expressão clínica para descrever a energia criada quando um indivíduo, ao imaginar desejada condição futura, conserva-se plenamente consciente das limitações da realidade presente ou corrente. A diferença entre a desejada condição futura e a realidade presente cria uma tensão que busca resolução ao caminhar para um lado ou para o outro. (Descreveremos melhor essa tensão e o respectivo primeiro axioma de dinâmica estrutural no Capítulo 7.)

INTRODUÇÃO

Em qualquer relacionamento, como aquele entre o eu atual e o novo eu que você deseja criar, é fundamental estabelecer essa tensão estrutural para empoderar uma mudança positiva. Quando se cria essa tensão, o pensamento emocional conduz o processo de mudança. É sua responsabilidade guiar-se para mudanças positivas e utilizar métodos que lhe permitam aprender a fazer isso sozinho. Paixão é uma emoção poderosa que pode ser compreendida e devia ser encorajada em benefício de cada pessoa. Com frequência, a dinâmica que o faz querer mudar é sua alma lhe dizendo que você não está levando a vida que pretendia levar – seu chamado de vida mais elevado. É importante ouvir o que sua alma diz, para colocar em palavras e sentimentos o que está ouvindo.

Essa dinâmica é poderosa porque você é realmente poderoso. Usando essa dinâmica, pode-se abrir uma nova possibilidade que até agora não estava a seu dispor. Esperamos que, ao ler este livro, você descubra seu caminho pessoal para uma vida feliz, saudável e próspera, repleta de novas possibilidades em cada aspecto de sua existência.

É comum as pessoas alterarem todo o curso de sua vida ao vivenciarem em plenitude e aprenderem a criar o que querem usando os métodos e discussões presentes neste livro.

Você pode usar esta obra para deixar de responder ou reagir à vida como ela parece ser e passar a criar as experiências e os atributos da vida que deseja. Pode ser o compromisso de alcançar o que você tem de *mais elevado*. Você é o artista em e da sua vida, "e todas as cores das quais faço parte ainda não foram inventadas" (Shel Silverstein). Você é aquela flor no campo, ou no jardim, que quer mostrar sua beleza interior ao mundo, pois não pode fazer outra coisa. Seu espírito e alma são mais poderosos que sua mente e corpo. Você pode ouvir a mensagem de sua alma e acatá-la; é isso o que os humanos sempre querem.

"A felicidade compensa em altura o que lhe falta em extensão" (Robert Frost). À medida que transformamos as emoções de dormentes (negativas) para animadas (positivas), elas constroem um poço de onde podem ser extraídas e acumuladas ao longo do tempo, sendo capazes de nos colocar em uma trajetória de crescimento ao ampliar nossa consciência do possível e desenvolver nossas aptidões para que prosperemos na vida. Quando estamos em contato com nosso propósito maior, ficamos naturalmente felizes, gentis, generosos, amorosos.

A riqueza de benefícios das emoções positivas está bem documentada. Ela melhora a saúde física. Promove confiança e compaixão. Protege contra sintomas depressivos e ajuda as pessoas a se recuperarem do estresse. Pode, inclusive, desfazer os efeitos indesejáveis das emoções negativas. Com a vivência e a expressão frequentes de emoções positivas vêm a resiliência e a desenvoltura. Além do mais, emoções positivas criam melhor conectividade social.

Ao optar por ler este livro, você fez uma opção acerca de sua vida. Optou por bem-estar, satisfação, possibilidades futuras e crescimento pessoal visando a singularidade de seu potencial. Esperamos que possa constatar a força dessa escolha.

É durante a leitura que você sentirá como é poderoso – e aprenderá métodos poderosos para transformar a si mesmo e a sua vida. Os métodos deste livro foram utilizados por conselheiros profissionais, assessores, psicólogos, professores, pesquisadores, pais, estudantes e médicos, para entenderem e alcançarem novas possibilidades. Como estão focados em *você* e no *seu* propósito, esses métodos impactantes sempre têm relevância para sua experiência corrente.

Resumindo, todo o foco deste livro – com seus métodos, discussões e reflexões – destina-se a mudar a visão que você tem de si mesmo e do mundo, para colocá-lo no centro de seu paradigma de realidade – é como olhar através de uma nova lente para visualizar e criar uma vida feliz, saudável e florescente.

Seu propósito como a "Estrela do Norte"

Senso de propósito é um importante atributo que pode ser aprendido. Estudos mostram que ir atrás de nosso propósito está associado a bem-estar psicológico. Muito parecido com a Estrela do Norte, que brilha como um guia constante no céu, seu propósito guia sua vida.

Indivíduos com senso de propósito relatam que são mais felizes, que estão mais satisfeitos com a vida e que têm mais esperança no futuro. Conhecer seu propósito de vida tem relação também com a saúde física: mantém os níveis de hormônio do estresse mais baixos, melhora os marcadores cardiovasculares e metabólicos, reduz a dor, faz regredir alguns tipos de câncer e se relaciona ainda à longevidade.

Viver com senso de propósito parece algo vivo, claro, autêntico, e os que forem determinados poderão vivenciar o "fluxo", um estado de absorção total em que o tempo parece desaparecer e a pessoa pode se sentir satisfeita e realizada. Nossa pesquisa e nosso trabalho mostram que as pessoas transformam sua qualidade de vida quando identificam o propósito maior que guia seus pensamentos, sentimentos e ações.

Explorar o senso de propósito pode despertar a consciência de interesses, pontos fortes e valores únicos de cada um, bem como fornecer foco para projetos específicos, opções acadêmicas, carreiras e relacionamentos amorosos. Em uma escala maior, o propósito pode fazer florescer uma vida de relacionamentos, envolvimento comunitário, cidadania e espiritualidade.

Aprender sobre propósito não significa sentir-se intimidado pelo medo de que talvez nunca encontre seu "caminho perfeito", mas prover, em meio à adversidade, caminhos para um chamado maior. Nós o encorajamos a considerar seu chamado interior e espiritual para contribuir com a condição humana de um modo que tenha relação específica com suas experiências de vida e pontos de vista sobre o bem maior.

Como este livro está organizado

Este livro está organizado em dez capítulos sequenciais, cada um tomando por base o anterior. Os capítulos contêm discussões e autorreflexões que pretendem ajudá-lo a vivenciar novas possibilidades no modo como vê a si mesmo e ao mundo e em suas aptidões para produzir impacto. Dentro de cada discussão, você terá acesso a um de nossos métodos, baseados em evidências, para ajudá-lo a levar a vida que deseja e está determinado a viver. É muito importante que os utilize refletindo sobre os atributos apresentados e veja que relação eles têm com sua própria vivência.

INTRODUÇÃO

Este livro e o trabalho que ele faz o estimularão a aprender sobre todo o seu ser, mente-corpo-alma. Ao se envolver com os métodos, estará aprendendo a acessar novas experiências de quem você é, foi e quer se tornar. Em nosso modo de ver as coisas, aprender é o caminho para a sua transformação. Temos sido pioneiros nesses métodos que produzem resultados para a saúde mental e o bem-estar, e agora você terá acesso a esse acervo de trabalho.

Organizamos esta obra de modo a lhe dar acesso à totalidade de seu ego e à transformação de um eu antigo em um novo eu – um eu mais evoluído e esclarecido. É nossa intenção fornecer os recursos de aprendizado capazes de revelar e empoderar o que se passa dentro de você, em seu subconsciente e nos níveis intuitivos de sua consciência.

Há uma ou duas Reflexões por capítulo, e um total de quinze Reflexões ao longo do livro. Elas são atividades que exigem reflexão, observação e criação. Suas avaliações das Reflexões devem ser trazidas para a vida diária como parte de sua consciência em alerta, atenta momento a momento.

Antes de iniciar uma Reflexão, respire profundamente por alguns minutos e relaxe todo o corpo. Para registrar seus pensamentos e emoções, pode ser que queira comprar um caderno, para não ter de ficar limitado ao número de páginas que fornecemos neste livro. Embora você também possa optar por registrar seus pensamentos em um dispositivo eletrônico, recomendamos que use uma caneta comum ou lápis, uma caneta hidrográfica ou caneta-pincel diretamente no livro, ou, se não quiser impor limites à plena expressão de sua consciência, em folhas avulsas de papel.

Quando escrever, não se edite. Deixe a escrita fluir com franqueza, usando palavras isoladas, expressões ou frases. Entenda que a autoavaliação que acabará desenvolvendo não é a resposta final, mas observações conscientes, feitas no momento, para ajudar a si mesmo a crescer e a explorar novas possibilidades. Faça o melhor que puder para observar a si próprio no desenrolar de sua própria vida. Com *curiosidade, não julgamento*.

Sugerimos que comece pelo início, com o Capítulo 1, em que apresentamos as oito dimensões do bem-estar ou relaxamento. É fundamental priorizar o bem-estar em sua vida se quiser entender e alcançar seu potencial singular. Além disso, você sentirá algo ocorrer em nível subconsciente; é sua integridade dizendo à mente consciente que você quer mais, uma visão, em cada uma das dimensões do bem-estar.

À medida que avançar para o Capítulo 2, será desafiado a refletir sobre citações apresentadas no contexto do que está surgindo para você em termos de novas emoções, experiências e pensamentos. Em um momento de discernimento e honestidade, poderá ver que desenvolveu um "falso eu" para se encaixar e receber amor condicional de sua família. Ou pode perceber que fechou o coração e não ama com o pleno potencial que tem em seu íntimo. Essa é a vantagem de proporcionar a si mesmo um espaço para reflexão.

No Capítulo 3, você chegará de modo mais complexo e sofisticado ao próprio autoconhecimento, com uma estrutura que o ajudará nessa compreensão. Ficará sabendo que autoconsciência é muito mais que autoestima ou inteligência emocional. Por exemplo, você pode ter o *insight* de que a vida diária perdeu o significado que tinha e que você levou a vontade de parecer bem aos olhos de outros a um nível mais alto de importância e energia do que o aplicado à sua vida. É outra oportunidade de criar uma nova visão ou imagem de seu futuro eu.

No Capítulo 4, terá a oportunidade de refletir sobre como conectar todo o seu ser a fatores de bem-estar, como avaliar com honestidade e determinar oportunidades de crescimento e mudança em termos pessoais e profissionais.

O Capítulo 5 vai conduzi-lo a um nível mais profundo de compreensão sobre o que o tem impedido de ver possibilidades em sua vida e de criar novas experiências que estejam mais de acordo com o que você quer, com o que pode imaginar. Como sem dúvida isto será uma experiência emocional para você, procure se preparar para ela e admitir que essas emoções são saudáveis de serem sentidas e completadas – são para que tire proveito delas.

Como em todas as Reflexões de cada capítulo, leve o tempo que precisar; por favor, não passe correndo pelos detalhes ou procedimentos que há dentro de cada uma, não queira encurtar o tempo requerido para trabalhar por completo ou processar os pensamentos e emoções que possam emergir. Além disso, coloque cada Reflexão dentro de sua vida, no mundo real, além do espaço íntimo e privado que está usando para ler e passar por cada uma delas. Desse modo, estará ganhando domínio sobre sua vida e aprendendo a criar de maneira ativa as mudanças positivas que deseja.

No Capítulo 6, você terá oportunidade de fazer o próprio exercício de *mindfulness* com uma meditação autoguiada. É, de fato, uma meditação engraçada, recompensadora, profundamente satisfatória. A cada vez que visitar esse local de atenção plena, tenha em mente todos os atributos do eu aprendidos até o momento e observe como está crescendo em termos de acesso à sua fonte de poder, seu eu interior.

Você alcançará o pico ou um ponto alto para suas experiências nos Capítulos 7 e 8, ao completar o Indicador do Sucesso. Você vai montar seu "DNA da consciência", os vários níveis de seu eu e o futuro que pode imaginar e, portanto, criar. O DNA da consciência trabalha de modo muito semelhante à estrutura molecular contendo o código genético que orienta suas células sobre quais proteínas produzir. Quando completar o Indicador do Sucesso, terá a estrutura de sua consciência, que fornece orientação para seus pensamentos, sentimentos e ações.

Você vai alinhar seu chamado mais elevado e propósito de vida ao que vê ser possível para você e a humanidade, com caminhos abertos para que isso possa ser implementado em sua vida e no mundo. É um trabalho árduo, profundo, mas vale cada esforço. Você vai ver e vivenciar um eu inteiramente novo de imediato ou ao longo do processo do Indicador do Sucesso – é realmente empolgante!

O Capítulo 9 é sua oportunidade de reunir membros de uma equipe em quem possa confiar para dar apoio ao seu novo ego, seu eu transformado, e ao futuro que está criando. Apoio é importante – não dá para ficar nesta vida sozinho.

O Capítulo 10 trata do aprendizado de quanto você é bom, reconhecendo até mesmo os mínimos resultados ou realizações ao longo de sua vida diária. É também a oportunidade de reconhecer a importância que os outros tiveram em sua vida pelo que fizeram por você até agora; é verdadeiramente

INTRODUÇÃO

empolgante vivenciar como podem ser profundos a alegria, a felicidade e o amor por aqueles que tiveram tamanho significado para nós.

Leve todo o tempo que precisar para fazer o mais importante trabalho de sua vida! Aproveite a viagem.

Capítulo 1

Primeira Etapa: Criação de uma Vida Centrada no Bem-estar

Como levar uma vida bem-sucedida e satisfatória requer bem-estar, temos de entender o que é bem-estar. A figura na Reflexão a seguir descreve uma compreensão holística das oito dimensões que constituem o "conforto físico e mental" (Brzycki e Brzycki, 2016). Observe que aqui usamos "bem-estar" e "conforto físico e mental" como sinônimos.

~ REFLEXÃO ~
Oito dimensões do bem-estar

Talvez você nunca tenha pensado em seu bem-estar ou em cada uma de suas oito dimensões — emocional, ambiental, física, ocupacional, intelectual, espiritual, social e financeira — e como está se saindo em cada uma delas. Reserve um momento para ler sobre cada dimensão e fazer uma avaliação, classificando-as da mais saudável à menos saudável, ou, alternativamente, de acordo com quanto você presta atenção a elas na vida diária. Você pode ter a percepção de que negligenciou uma ou mais de uma, e se sentir mal com relação a isso. Nesse caso, estará tendo a percepção de que seu bem-estar é complicado, multidimensional e pode ser algo a ser priorizado em sua vida à medida que crie uma visão de seu futuro. Pela simples constatação de sua consciência sobre as dimensões, você já as utilizou para crescer, mudar e se desenvolver — parabéns!

CAPÍTULO 1

EMOCIONAL
Lidar de forma eficiente com a vida e a criação de relacionamentos satisfatórios.

FINANCEIRA
Satisfação com a condição financeira atual e futura.

AMBIENTAL
Boa saúde ao ocupar ambientes agradáveis, estimulantes, que servem de base para o bem-estar.

SOCIAL
Desenvolvimento de um senso de conexão, pertencimento e um sistema de apoio bem desenvolvido.

INTELECTUAL
Reconhecimento de aptidões criativas e meios de expandir conhecimentos e técnicas.

ESPIRITUAL
Expansão do senso de propósito e significado na vida.

FÍSICA
Reconhecimento da necessidade de atividade física, de uma boa dieta, de sono e de nutrição.

OCUPACIONAL
Satisfação e enriquecimento pessoais provenientes do trabalho.

Adaptado de Swarbrick, M. (2006). *A Wellness Approach*, *Psychiatric Rehabilitation Journal* 29(4), pp. 311-14.

AS OITO ETAPAS PARA ALCANÇAR O BEM-ESTAR

Classifique as dimensões da mais saudável à menos saudável, ou, se preferir, de acordo com o quanto você presta atenção a elas em seu cotidiano. Que possibilidades podem surgir se você mudar a ordem de classificação delas em sua vida?

1. _____

2. _____

3. _____

4. _____

5. _____

6. _____

7. _____

8. _____

CAPÍTULO 1

Bem-estar não é apenas a ausência de doença mental ou física. Na realidade, é a mais positiva conotação de como sua vida está indo. Bem-estar abrange saúde emocional, vitalidade e satisfação, rumo da vida, aptidão para fazer a diferença, qualidade dos relacionamentos e desfrutar de um bom dia a dia (Brown e LaJambe, 2016).

Também queremos deixar claro que pessoas com problemas de saúde, doenças ou limitações, sejam congênitas, agudas ou crônicas, podem obter bem-estar se cuidarem de si mesmas e equilibrarem as outras dimensões de conforto físico e mental. Não podemos pensar em bem-estar em uma única dimensão, o que significa que cada uma das oito dimensões do bem-estar coincide com um modelo completo ou holístico. Por exemplo, um das dimensões do bem-estar na figura apresentada é "ocupacional", a satisfação ou sentimento de realização em uma carreira. Essa dimensão interage com a "intelectual", a "financeira", a "social", a "emocional" e, muito provavelmente, com todas as oito dimensões em graus variados.

Bem-estar, é na verdade, um conceito mais amplo que envolve entender o propósito e o significado da vida, ou dimensão "espiritual", e desenvolver um senso de pertencimento, dando conta das necessidades físicas. Abrange energias intelectuais e capacidades singulares, compreensão de gestão financeira e suporte para opções de estilo de vida, desenvolvimento da capacidade de sentir uma gama completa de emoções, entre elas, ressentimentos e arrependimentos, raiva e tristeza, felicidade e alegria.

~ REFLEXÃO ~
Sua primeira oportunidade de vivenciar mudanças de energia internas e inconscientes

Antes de começar esta Reflexão, por favor, feche os olhos, respire fundo e relaxe todo o corpo. Quando estiver pronto, abra os olhos e responda às três questões que vêm a seguir.

CAPÍTULO 1

1. Descreva o que gostaria de realizar com a leitura e a aplicação deste livro. Por favor, não se esqueça de descrever o que deseja obter em todos os aspectos de sua vida – bem-estar psicológico, emocional e físico, tolerância consigo mesmo, relacionamentos, direção na vida, desenvolvimento pessoal, alcançar objetivos de carreira, motivações para mudar e, entre outras coisas, chamado espiritual. Seja o mais preciso e claro possível. (Não se esqueça de que talvez ache melhor escrever as respostas em um caderno para não se sentir limitado pelos espaços em branco oferecidos.)

2. Por favor, descreva, da melhor maneira possível, sua situação presente ou atual, incluindo todas as suas necessidades de bem-estar, tolerância consigo mesmo e desenvolvimento. Não se esqueça de incluir descrições detalhadas sobre suas condições e sintomas espirituais, físicos, emocionais e psicológicos.

_____
_____
_____
_____
_____
_____
_____
_____

3. Quais foram, até agora, as experiências mais significativas que teve na vida? Por que elas foram tão importantes para você?

_____
_____
_____
_____
_____
_____
_____
_____
_____
_____
_____
_____

CAPÍTULO 1

Espaço adicional...

Capítulo 2

Segunda Etapa: **Reflexão Sobre Significado Pessoal**

Sempre que fizer uma autorreflexão, observe o que surge para você em termos de novas emoções, pensamentos, sensações físicas e experiências. Dê a si mesmo tempo e espaço para refletir e para uma ampla gama de emoções e pensamentos se manifestarem.

~ REFLEXÃO ~
Citações que evocam coisas importantes para você

Palavras inspiradoras e instigantes de escritores, líderes, psicólogos, filósofos e figuras históricas podem ajudar a fornecer um leque mais amplo de possibilidades. Incluímos uma série de citações que nos têm inspirado ou desafiado. Leia-as e depois responda às perguntas que as sucedem.

"Perguntamo-nos: 'Quem sou eu para ser brilhante, deslumbrante, talentoso e fabuloso?'.
Na realidade, quem é você para não ser?"
– Marianne Williamson

"Você vê coisas; e você diz: 'Por quê?'.
Mas eu sonho coisas que nunca existiram; e digo: 'Por que não?'."
– George Bernard Shaw

"Sempre há luz, se ao menos formos corajosos o bastante para vê-la. Se ao menos formos corajosos o bastante para sê-la."
– Amanda Gorman

"Às vezes tentamos fazer nossos sentimentos desaparecerem porque temos medo deles. Reconhecer como realmente nos sentimos exigiria uma decisão – ação ou mudança – de nossa parte... Ficaríamos cientes do que estamos pensando, do que queremos e do que precisamos fazer."
– Melody Beattie

"O verdadeiro eu contém uma humanidade essencial cuja natureza é paz, cuja expressão é o pensamento e cuja ação é amor incondicional. Quando nos identificamos com esse núcleo interior, sabendo respeitá-lo e honrá-lo nos outros assim como em nós, vivenciamos o poder durativo em todas as áreas da vida."
– Joan Borysenko

"Acredito que a modernidade, de forma persistente e sistemática, tem compreendido mal as mulheres – seus motivos, compromissos morais, a trajetória de seu crescimento psicológico e a visão especial que elas têm do que é importante na vida."
– Carol Gilligan

"Não é verdade que as pessoas param de correr atrás de seus sonhos porque envelhecem; elas envelhecem porque param de correr atrás de seus sonhos."
– Gabriel García Márquez

CAPÍTULO 2

"Para acreditar que é amada, a criança se comporta do modo como ela acha que esperam que ela se comporte. Esse falso eu se desenvolve com o correr dos anos e é reforçado pelas necessidades do sistema familiar e pela cultura."
– John Bradshaw

"Todo ato de criação começa com um ato de destruição."
– Picasso

"Como cuida de modo peculiar da fase da experiência em que a união é alcançada, o artista não se esquiva dos momentos de resistência e tensão. Ele os cultiva, não propriamente por eles, mas por causa de suas potencialidades, trazendo para a consciência viva uma experiência que é unificada e total."
– John Dewey, *Arte como Experiência*

"O privilégio de uma vida é ser quem você é."
– Joseph Campbell

"Rezo ao Deus que há em mim para que Ele me dê forças para fazer-Lhe as perguntas certas."
– Elie Wiesel

"Assim como não pode viver sem sonhos, o homem não pode viver sem esperança.
Se os sonhos refletem o passado, a esperança convoca o futuro."
– Elie Wiesel

"Bem-vinda, ó vida! Vou encontrar pela milionésima vez a realidade da experiência e trabalhar na forja da minha alma a incriada consciência de minha raça."
– James Joyce, *Retrato do Artista quando Jovem*

Levando em consideração as respostas do capítulo anterior sobre suas esperanças e seus sonhos, quais das citações anteriores têm significado pessoal para você? Por quê?

_____
_____
_____
_____
_____

Você tem citações favoritas que guardam significado pessoal para você? Anote-as e reflita sobre por que elas são significativas. Podem ser as favoritas de muito tempo atrás, recém-descobertas ou as palavras de alguém que você conhece e admira.

_____
_____
_____
_____
_____
_____
_____
_____

CAPÍTULO 2

Espaço adicional...

Capítulo 3

Terceira Etapa: O Conhecimento de Si Mesmo como Fonte de Todas as Possibilidades: o Eu Integrado

Como definimos que levar uma vida bem-sucedida e satisfatória requer autoconhecimento, está na hora de mergulhar mais fundo na compreensão do eu como fonte de possibilidades. O "eu" pode ser definido como as qualidades essenciais ou particulares que distinguem uma pessoa da outra, como traços de personalidade ou talentos. Pode, no entanto, ser ainda mais útil em termos de desenvolvimento pessoal, autoaperfeiçoamento, ensino, aprendizado e aconselhamento pensar no eu como um sistema holístico com três componentes principais: o corpo, a mente e a alma.

No contexto da psicologia, a mente é "um sistema orgânico que alcança todas as partes do corpo e serve para ajustar o organismo inteiro às demandas do meio ambiente" (Friend e Guralnik, 1953). Quando falamos sobre a mente, em geral estamos falando sobre processos como cognição e metacognição, pensamento consciente e emoções.

A raiz da palavra psicologia, *psic*, vem da palavra grega *psukhé,ês* para *psiquê*, que significa alma. É útil para pensarmos na alma como aspectos do eu que com frequência estão além das palavras, embora sejam essenciais ao nosso ser. Quando falamos de alma, referimo-nos ao eu interior e a processos vitais como esperança, caráter, integridade e espiritualidade, assim como a emoções às vezes não reconhecidas que guiam a mente consciente para um propósito mais elevado. Todos esses aspectos da pessoa se reúnem no eu.

Aprender sobre si mesmo é, de fato, o mesmo processo utilizado para ler, envolver-se em atividades diárias, ter aulas em uma configuração tradicional de sala de aula, crescer profissionalmente e participar de aconselhamento terapêutico, em que o caminho para a aprendizagem se dá por processos psicológicos pessoalmente significativos. Em todos os contextos ou ambientes, o objetivo é similar: lançar as bases para uma vida próspera.

É importante conhecer e compreender o eu porque ele faz a mediação entre a vida interior e a vida exterior para determinar nossa realidade e moldar um curso de vida positivo.

Ao ler este capítulo, você verá a conexão entre o eu total, os componentes que constituem o eu e como são criadas novas possibilidades. É uma dinâmica empolgante de se vivenciar.

Desenvolvemos o Modelo do Eu Integrado (o iSelf, de Integrated Self Model), um modelo holístico com uma compreensão multidimensional de trinta componentes – chamados de "atributos do eu" – que constituem o eu, conforme apresentado na figura a seguir (Brzycki e Brzycki, 2009; 2016; 2019). Quando um atributo do eu se altera, assim como uma função em um celular, todos os atributos são afetados, em graus variados. Além disso, os atributos do seu eu são moldados por – e, por sua vez, moldam – experiências externas e culturais.

CAPÍTULO 3

Modelo do Eu Integrado™
Mente-corpo-alma

Propósito de vida
Compreensão de si mesmo
Felicidade
Físico e psicológico
Esperança/inspiração
Amor-próprio
Inteligência emocional

Motivação
Autoeficácia
Pertencimento
Controle sobre o destino
Lócus de controle

BEM-ESTAR | **AUTODETERMINAÇÃO**

POTENCIAL ÚNICO | **PROCESSAMENTO COGNITIVO**

Autoestima
Identidade – 4 *status*
Sonhos de vida
Amor-próprio – felicidade
Crenças
Caráter/moralidade
Autoeficácia
Prosperidade

Realização
Aprendizado
Esquema
Processamento de informação
Autoesquema
Metacognição

49

Experiências externas e culturais

Esse modelo incorpora conceitos de psicologia educacional (que é a ciência do aprendizado), psicologia do desenvolvimento (que estuda o eu como a soma de componentes dinâmicos) e psicologia positiva (que estuda os meios pelos quais as pessoas podem prosperar na vida).

Interagir com os atributos do eu presentes no modelo apresentado acima intensifica de modo exponencial o autoconhecimento, o que nos ajuda a crescer e expandir a capacidade de ver e alcançar nosso potencial. Quando explorados, os atributos abrem um universo de possibilidades para uma vida repleta de propósito, gratificante e feliz. Esperamos que esses atributos sejam tão úteis, esclarecedores e inspiradores para você quanto achamos que eles são em nossa vida. Sigamos com este capítulo neste espírito de descoberta.

CAPÍTULO 3

~ REFLEXÃO ~
Vivenciando os atributos do Eu Integrado

Leia cada um dos atributos do eu que vêm a seguir. Como alguns deles podem ser muito parecidos, por favor, esteja atento para perceber diferenças sutis. Os atributos não estão listados em nenhuma ordem particular, pois assim estimularão a curiosidade e a compreensão de que cada um interage com todos os outros.

Primeiro, avalie de 1 a 5 como você se situa diante de cada atributo. Ou pode preferir avaliar a consciência que tem da presença do atributo em sua vida.

Agora, revise mais uma vez a lista para identificar, pelo menos, três atributos aos quais tenha dado uma nota mais alta que a que deu aos outros. Reconheça a importância que dá a esses atributos e escreva no espaço abaixo de cada um daqueles que selecionou algumas das maneiras como os utilizou ou os vivenciou em sua vida, e como talvez continue recorrendo a eles como pontos fortes seus.

Agora selecione, ao menos, um atributo que até agora você raramente ou nunca vivenciou. No espaço a seguir do atributo, responda a estas perguntas: "O que poderia ter acontecido em sua vida se a consciência desse atributo tivesse sido mais frequente?" e "Como esse atributo pode abrir novas possibilidades para se manifestar de modo mais pleno em sua vida cotidiana?".

Autoconceito

O autoconceito é como você se vê; sua moldura pessoal constituída de referências importantes. Autoimagem e autopercepção são termos sinônimos. Referências importantes neste caso podem ser seus interesses e atividades. Esses interesses costumam ser agrupados ou classificados (por exemplo, acadêmicos e não acadêmicos, grupo de colegas ou grupo de amigos, intelectuais e não intelectuais, físico e não físico, atlético e não atlético, artístico e não artístico, entre outros).

Com muita frequência, o autoconceito se desenvolve quando a pessoa se torna consciente de forças inatas e desenvolve os traços, as características e a qualidade da experiência pela qual passa ao exercê-las. O autoconceito se desenvolve pelo processo de tentar expressar um desejo ou interesse inato combinado com as mensagens recebidas por meio da experiência. As forças cognitivas inatas de um indivíduo estão organizadas em geral ao longo das linhas da Teoria das Inteligências Múltiplas (1983), de Howard Gardner, que abrange pontos fortes definidos como interpessoais e intrapessoais, naturalistas e espirituais, lógicos e linguísticos, cinestésicos e espaciais, musicais e artísticos.

CAPÍTULO 3

Avaliação: 1 2 3 4 5
Reflexões:

Autoestima

A autoestima se refere aos valores que você atribui a pontos fortes, características e atividades que constituem seu autoconceito – como sentir-se bem ou mal sobre suas aptidões em Matemática, esportes, música, liderança, empatia ou acerca da intensidade de seus sentimentos. Inúmeros estudiosos e pesquisadores encontraram uma correlação direta entre autoestima e desempenho.

A citação a seguir destaca a importante conexão entre autoestima negativa e, portanto, constructos de autossistema negativos, e resultados de bem-estar: "uma criança que tem experiências de rejeição com figuras de apego, ou as vê como emocionalmente indisponíveis e indiferentes, construirá um modelo básico do eu como desagradável, incompetente e geralmente indigno" (Harter, 1999).

Indivíduos com baixa autoestima podem reconstruí-la e forjar um novo modelo de si mesmos, percebendo a falsidade de certas suposições e identificando energias que antes não eram reconhecidas.

CAPÍTULO 3

Avaliação: 1 2 3 4 5
Reflexões:

Autoeficácia

Autoeficácia é sua crença em potenciais e na capacidade de crescer e aprender a se tornar a pessoa que deseja se tornar. É a crença de que você pode alcançar uma meta. A primeira fonte de eficácia são as experiências de domínio – nossas experiências diretas de sucesso ou fracasso. Os sucessos aumentam nossas crenças sobre eficácia e os fracassos diminuem essas crenças.

A segunda fonte de eficácia é a excitação fisiológica e emocional, que afeta as crenças de eficácia em função de estarmos ansiosos ou preocupados (baixa eficácia), ou animados e felizes (alta eficácia).

A terceira é a experiência vicária, que relaciona as crenças sobre eficácia a alguém que modela nossas realizações e ao grau com que nos identificamos com o modelo. Quando o modelo funciona bem, nossa eficácia aumenta, mas, quando o exemplo tem um desempenho ruim, nossas expectativas de eficácia diminuem.

A quarta fonte de eficácia, a persuasão social, usa o poder do *feedback* de desempenho para estimular as expectativas de eficácia, mas a eficácia só aumentará se quem tenta persuadir for digno de crédito, confiável e um especialista no assunto.

Você pode aumentar a autoeficácia redefinindo o conceito de sucesso ou fracasso de uma perspectiva mais ampla, ou então reformulando suposições limitantes que possa ter feito acerca de suas respostas emocionais.

CAPÍTULO 3

Avaliação: ① ② ③ ④ ⑤
Reflexões:

Compreensão de si mesmo

A compreensão de si mesmo é a percepção consciente de que você é um ego à parte do mundo exterior – de suas circunstâncias, família, colegas, mídias sociais, outras mídias e tecnologia, cultura e sociedade. É saber que você tem um modo distinto de sentir, vivenciar eventos e interpretar o mundo, e que tem uma compreensão pessoal de sua singularidade com relação aos outros.

A compreensão de si mesmo é, às vezes, usada em outros contextos como sinônimo de autoconhecimento; neste livro, porém, há uma distinção. Autoconhecimento é a soma ou visão holística de nós mesmos com todos os nossos componentes, tal como descrito no Modelo do Eu Integrado. A compreensão de si mesmo, por sua vez, repousa em uma parte ou atributo[2], importante na medida em que nos permite a distinção em relação aos outros, às circunstâncias e até mesmo a antigas crenças e suposições.

Esse atributo é importante porque, muitas vezes, não temos fronteiras saudáveis entre nós e os outros, ou entre nós e nosso controle sobre substâncias como alimentos nocivos, drogas e álcool. As manifestações da compreensão de nós mesmos incluem níveis cada vez mais altos de consciência, percepções de que existem estados superiores e de que eles contribuem para visões iluminadas. Adolescentes e jovens adultos que possuem compreensão de si mesmos se saem melhor nos estudos e, mais tarde, na vida, sendo adultos mais saudáveis.

---

2. Isto é, pode ser uma percepção parcial focada em um atributo. (N. do T.)

CAPÍTULO 3

Avaliação: 1 2 3 4 5
Reflexões:

Identidade

Identidade é o conjunto de traços comportamentais ou pessoais pelo qual você se reconhece e é reconhecido pelos outros. A identidade se refere à sua personalidade distinta, envolvendo traços como ter caráter, moralidade e integridade. Muitas vezes, as pessoas pensam, de modo equivocado, que a identidade é imutável. Na realidade, formamos e reformamos nossa identidade ao longo da vida e em diferentes e distintos estágios de desenvolvimento.

A identidade pode ser concebida como um senso de bem-estar psicossocial ou a sensação de "sentir-se em casa no próprio corpo", de "saber para onde se está indo", e uma certeza de reconhecimento antecipado por parte daqueles que nos são importantes. Tal senso de identidade, contudo, nunca é ganho nem mantido para todo o sempre. Tal como uma "boa consciência", continuamente se perde e é recuperado. A identidade é uma crença ou um conjunto de crenças sobre quem você é ou pensa que é (Erikson, 1980).

A psicologia do desenvolvimento descreve quatro categorias de identidade em que: as pessoas exploram opções e se comprometem a ir atrás de uma ação; exploram opções, mas adiam quaisquer compromissos; não exploram opções, mas se comprometem com base no que outros lhes dizem para fazer; ou nem exploram opções nem se comprometem (Marcia, 1991; 2002).

O caráter é formado ou moldado ao longo das experiências de vida, que tanto criam quanto animam cada um dos atributos do eu. Ele se revela quando há um alinhamento – ou integridade – entre nossos propósitos, sonhos e compromissos,

CAPÍTULO 3

e quando há concordância entre nossa iniciativa para cumpri-los e os resultados que aparecem na realidade do dia a dia. Em qualquer fase da existência, é importante aceitar nossa vida e refletir de modo positivo sobre como nossa identidade mudou e mudará no futuro. Conquistar um senso de integridade significa nos aceitarmos de maneira plena – o bom e o não tão bom. Aceitar a responsabilidade pelas circunstâncias da sua vida – e ser capaz de corrigir erros do passado, reorientando-a em consonância com seu compasso moral – é essencial. A incapacidade de fazê-lo resulta em uma sensação de desespero. No mundo de hoje, um número muito grande de pessoas entra em desespero e nos falta integridade porque não nos conhecemos.

Avaliação: 1 2 3 4 5
Reflexões:

Lócus de controle

Lócus de controle se refere a seu sistema de crenças sobre as causas de suas experiências e os fatores aos quais atribui sucesso ou fracasso. Há uma distinção crítica entre o lócus de controle interno e externo ao acessar crenças sobre quem tem influência no curso da vida de alguém.

Um lócus de controle interno saudável sugere que um indivíduo atribui seu sucesso aos próprios esforços e habilidades. Quem espera ter sucesso estará mais motivado internamente e é mais provável que queira aprender, assumindo total responsabilidade pelas circunstâncias de sua vida, sabendo que pode alterá-las para que sejam a expressão de seu destino.

O lócus de controle externo sugere que a pessoa atribui seu sucesso à sorte, ao destino ou a circunstâncias alheias a ela e a seu controle. Pessoas com lócus externo de controle são mais propensas a vivenciar ansiedade, resignação, depressão e distância da experiência plena de sua vida – para se tornar uma vítima das circunstâncias.

CAPÍTULO 3

Avaliação: 1 2 3 4 5
Reflexões:

Autoafeto

Autoafeto se refere a um sentimento ou a uma emoção pessoal, às vezes de difícil descrição por meio da linguagem, por ser uma experiência. Envolve múltiplas sensações, em vários graus.

Sem afeto, seus sentimentos não têm intensidade, e, sem "sentir os sentimentos", sua capacidade de pensar e tomar decisões racionais se reduz. Autoafeto, em suma, é a capacidade de sentir e saber que está sentindo emoções.

CAPÍTULO 3

Avaliação: 1 2 3 4 5
Reflexões:

Propósito de vida e espiritualidade

Propósito de vida é a razão pela qual você está aqui, a razão de sua existência (*raison d'être*), e descreve ou abrange sua natureza básica ou seu ser: a essência de um ser humano em meio à totalidade de todas as coisas que existem, as qualidades que constituem uma existência ou essência. Tem a ver com sua missão na vida como uma via ou um caminho para manifestar seu propósito – um chamado interior para ir atrás de uma atividade ou executar um serviço, uma vocação; a área da vida em que você manifestará seu propósito. Esse chamado pode ser de natureza espiritual e envolver a conexão com um poder superior, uma força inspiradora e transcendente, ou pode vir de um senso de necessidade: sentir um chamado para contribuir com a condição humana de alguma forma, única para você e suas experiências de vida e visões de um mundo melhor ou de um bem maior.

É com esse tipo de coisa que comprometemos nossa vida, algo maior que nós, colocando talentos, valores e visão singulares a serviço da criação de um mundo melhor. Isso é parte da motivação e força motriz que guiam nossas ações, fazendo-nos sentir realizados.

Nosso propósito é maior do que nós; é o processo de uma vida inteira que podemos estar sempre redescobrindo e melhorando, e que nos compele a fazer diferença em nossa vida, na dos outros e na situação do mundo.

CAPÍTULO 3

Avaliação: 1 2 3 4 5
Reflexões:

Sentido da vida

Pessoas de todas as idades e origens procuram experiências relevantes e uma vida significativa. Isso involve sermos capazes de processar a vasta soma de informações que não paramos de absorver para em seguida criarmos significado – uma compreensão mais profunda que nos conecte aos atributos do eu.

Trata-se do processo de interpretar a informação como relevante para algum aspecto de si mesmo ou de sua vida, especial para você e para o modo como interpreta os eventos de sua existência. Você absorve a informação e, de modo consciente, atribui significado a ela.

CAPÍTULO 3

Avaliação: 1 2 3 4 5
Reflexões:

Motivação intrínseca

A motivação intrínseca se refere ao impulso interior para alcançar ou realizar um estado desejado. Esse impulso interno, que pode vir por instinto, por um profundo desejo subconsciente ou pode resultar de uma vontade consciente, é, em geral, acompanhado de uma motivação extrínseca, vinculada às forças externas que levam a pessoa a agir. O aprendizado aumenta e muda nossas motivações internas para manifestar aquilo que desejamos segundo o mais legítimo interesse.

Quando você descobre que tem uma nova crença sobre a importância dos relacionamentos e opta por definir a si mesmo segundo essa crença, é sinal de que está internamente motivado para desenvolver relacionamentos significativos que reforcem seu sistema de crenças. Pessoas intrinsecamente motivadas procuram atividades que lhes proporcionem aptidões que consideram importantes, fazem escolhas éticas e morais e vivenciam o prazer.

Avaliação: 1 2 3 4 5
Reflexões:

Felicidade

A felicidade é uma emoção de euforia, alegria, o sentimento de que tudo está bem. É uma experiência interpretada como o estado de ser feliz – um pensamento consciente. A expressão "felicidade subjetiva" é usada com frequência porque não existe um estado absoluto; trata-se da interpretação de uma experiência que o faz feliz. Embora possam se criar sentimentos de euforia temporários no cérebro por drogas que alteram o humor ou outras substâncias, a felicidade duradoura requer consciência e tomadas de decisão mais proativas. Costuma-se dizer que felicidade é uma escolha.

A experiência da felicidade é um reflexo da realização de um desejo profundo. Esse desejo mais profundo pode ser consciente ou intuitivo. A satisfação é um exemplo de um sentimento de felicidade – evidência de que uma vontade, desejo ou resultado pretendido foi realizado ou manifestado. A felicidade se dá quando as circunstâncias de sua vida correspondem a seus sonhos, compromissos e metas, após ter agido ou implementado uma estratégia para produzir resultados.

As pessoas prosperam quando têm objetivos e há sempre novas metas a definir para o futuro; a felicidade requer a descoberta de um equilíbrio dinâmico entre seus desejos e a evidência de que esses desejos serão ou foram atendidos.

CAPÍTULO 3

Avaliação: 1 2 3 4 5
Reflexões:

Inspiração, esperança e sonhos

Inspiração, esperança e sonhos, esse trio envolve a visão de uma condição futura, com todas as suas circunstâncias e emoções: tudo o que puder ver que deseja com os olhos de sua mente. Você fica inspirado para sonhar, para despertar a percepção ou semente de uma desejada condição futura pela inspiração de outra pessoa ou de sua vida interior, ou ainda pela sua experiência de vida. Você fica na expectativa de poder manifestar esse sonho. É o que vê no futuro, o sonho do que é possível, uma imagem mental produzida pela imaginação a ser vista pelos olhos de sua mente, uma aptidão ou percepção incomuns, e também uma premonição inteligente. Pensamentos de esperança refletem a crença de que você pode ir, e irá, atrás de seus objetivos e sonhos imaginados.

O psicólogo positivo Shane J. Lopez (2009) apresentou a seguinte definição: [Pessoas] esperançosas veem o futuro como melhor do que o presente e acreditam que têm o poder de fazer com que seja assim. Essas [pessoas] são enérgicas e cheias de vida. São capazes de desenvolver muitas estratégias para atingir metas e planejar contingências para a eventualidade de se depararem com os obstáculos do caminho. Assim, os obstáculos são encarados como desafios a serem superados e contornados quando elas conseguem apoio e implementam trajetos alternativos. Percebendo a probabilidade de bons resultados, essas [pessoas] se concentram no sucesso e, portanto, vivenciam mais afeto positivo e menos angústia. Em geral, pessoas que cultivam grandes esperanças vivenciam menos ansiedade e respectivo estresse ao acompanhar o teste de cada realidade [ou ao se submeter a outras situações difíceis].

CAPÍTULO 3

Avaliação: 1 2 3 4 5
Reflexões:

Egos possíveis

Egos possíveis é uma concepção segundo a qual você pode se tornar aquilo que vê ser possível. É um processo de pensamento em que se refletem e se investigam questões do tipo "e se", além dos cenários possíveis sobre quem você pode se tornar e sobre o rumo de sua vida. Você pode acreditar que está preso a uma única maneira de ser ou de se tornar, ou que pode exercer a liberdade de mudar quem você é e transformar sua vida.

O atributo de possíveis egos representa as ideias daquilo que você pode se tornar, do que gostaria de se tornar e do que tem medo de se tornar, fornecendo assim um elo conceitual entre cognição e motivação. Gente bem-sucedida cria egos possíveis como parte de seu crescimento e desenvolvimento.

CAPÍTULO 3

Avaliação: 1 2 3 4 5
Reflexões:

Autodeterminação

A autodeterminação é definida por três necessidades: de controlar o curso de sua vida (autonomia); de lidar com seu ambiente de modo eficaz (competência); e de ter relacionamentos próximos e afetuosos (como os de parentesco).

Ser autodeterminado é acreditar em suas ações e vivenciar um sentimento de liberdade para fazer o que for empolgante e importante em termos pessoais. Em suma, é acreditar que você pode criar o próprio destino.

CAPÍTULO 3

Avaliação: 1 2 3 4 5
Reflexões:

Inteligência emocional e emoções positivas

Inteligência emocional é a capacidade de identificar numerosas distinções sutis em uma ampla gama de emoções, como tristeza e depressão, felicidade e euforia, raiva e cólera. Isso envolve a capacidade de administrar as emoções com o pensamento e de expressá-las de modo eficiente e dentro do contexto apropriado. Reconhecer emoções alheias é um tipo de empatia ou a capacidade de ser empático.

Inteligência emocional consiste na capacitação em cada um ou em todos esses componentes: confiança, curiosidade, intencionalidade, autocontrole, relacionamento, habilidade de se comunicar e cooperação (Goleman, 1995).

Emoções positivas consistem em episódios de prazer, felicidade, energia, confiança, humor positivo, entusiasmo, amor, carinho, além de outros.

CAPÍTULO 3

Avaliação: 1 2 3 4 5
Reflexões:

Bem-estar

Bem-estar se refere à saúde psicológica e física, em que *saúde* não é apenas a ausência de doença, como a doença mental, mas tem uma conotação mais positiva, de até que ponto nossa vida vai bem; de que bem-estar é o que é bom para nós.

O bem-estar abrange saúde emocional, vitalidade e satisfação, rumo na vida e aptidão para fazer a diferença, saúde física e energia para ser plenamente funcional, ter comportamentos saudáveis, como uma boa dieta e fazer exercícios, ter relacionamentos de qualidade, estabilidade financeira, vivenciar alta qualidade de vida e levar uma boa vida.

O bem-estar é a parte central de uma vida de sucesso, sendo imperativo para uma trajetória de vida positiva. Bem-estar é tanto um atributo do eu quanto o mais amplo resultado que se espera obter do autoconhecimento e do propósito de uma vida bem vivida. O bem maior inclui o bem-estar de todas as pessoas.

CAPÍTULO 3

Avaliação: 1 2 3 4 5
Reflexões:

Criatividade

Criatividade implica fazer conexões entre ideias ou experiências que até então não estavam conectadas. Quando estamos sendo criativos, expressamos pensamentos incomuns e vivenciamos a vida de modo mais interessante e estimulante. Como percebem o mundo de forma nova e original, os criativos, com suas percepções renovadas e avaliações repletas de novidades, podem fazer descobertas importantes às quais só eles seriam capazes de chegar. Muitas vezes, esses indivíduos promovem uma mudança importante em nossa cultura.

Todos estão capacitados para a criatividade. Ser criativo implica aparecer com algo novo – uma nova ideia saída do nada que se mostra útil, oportuna e que é uma expressão singular de você.

CAPÍTULO 3

Avaliação: 1 2 3 4 5
Reflexões:

Pertencimento

As pessoas não estariam tanto em declínio de saúde mental como estão se não estivessem precisando de algo por dentro: seja preencher emocionalmente uma necessidade de relacionamento; ter sensação de pertencer a alguma coisa; abrandar o medo de não ser capaz de sobreviver economicamente; compreender, em termos psicológicos, a constante torrente de informações e mudanças no mundo; ou sentir uma conexão espiritual com uma consciência maior, com outros seres humanos e a condição humana.

Portanto, se ajudarmos as pessoas a desenvolverem o autoconhecimento, para se sentirem mais confiantes ao se envolverem com um grupo, organização ou causa, caso em que a esperança e as novas possibilidades substituiriam o medo, elas terão esse senso de pertencimento. Pertencer tem de incluir relacionar-se ou identificar-se com um propósito comum, um propósito mais elevado que justifique a existência de determinado grupo social.

CAPÍTULO 3

Avaliação: 1 2 3 4 5
Reflexões:

Prosperidade

Não sendo capazes de se concentrarem em uma vida interior – nos sentimentos, na compreensão de si, na intimidade em relacionamentos e em propósitos e sonhos de vida, entre outras coisas –, não causa espanto que as pessoas estejam passando pela experiência de tudo parecer além de seu controle no que diz respeito à possibilidade de ter uma vida próspera, de alta qualidade, que atenda ao nível de singularidade de seus potenciais e daquilo que podem conceber.

Prosperar significa ter um senso de autonomia ou autodeterminação para conquistar uma alta qualidade de vida, no patamar de seu potencial singular e da vida com que você sonha.

CAPÍTULO 3

Avaliação: 1 2 3 4 5
Reflexões:

Cognição

Há importantes processos cognitivos que nos ajudam a fazer mudanças positivas. Tais processos incluem – mas não se limitam a – a capacidade de pensar sobre o próprio pensamento ou de entender os processos de nosso pensamento. Outra capacidade é usar o intelecto ou inteligência para aprender e realizar coisas. É fundamental sermos intelectualmente curiosos acerca de novas ideias e sobre como elas podem nos dar apoio, e às futuras trajetórias no decorrer de nossa vida. Ter esperança e sonhar, por exemplo, são dois processos cognitivos e metacognitivos em que pensamos sobre as possibilidades do futuro.

Quando estamos desenvolvendo nossa mentalidade, adotamos e processamos novas ideias que servem a nós, aos outros e ao bem maior.

É crucial para sua saúde psicológica como seu processamento de informações transforma essas informações em suposições e crenças. Isso ocorre com naturalidade e, na maioria das vezes, de modo inconsciente. Todos nós temos modelos cognitivos, chamados autoesquemas, contendo informações que representam nossas crenças internas e externas, cruciais na formação e reforma de atributos do eu.

Analisar seu sistema de crenças e crenças autodestrutivas e aproveitar esse conhecimento para tratar comportamentos autodestrutivos específicos são usos saudáveis da cognição. É uma boa oportunidade para nos perguntarmos se estamos cultivando uma mentalidade de amadurecimento e até que ponto ela vai.

CAPÍTULO 3

Avaliação: 1 2 3 4 5
Reflexões:

Corpo físico

Quais são, em termos fisiológicos, as implicações das conexões entre mente e cérebro? A cada dia é mais bem aceita a ideia de que os indivíduos têm um significativo grau de controle sobre seu destino, o que abrange sua saúde física e psicológica, e de que há uma conexão direta entre o bem-estar psicológico e o bem-estar físico. O neurocientista Antonio Damasio defende este ponto de vista: "O fato de que distúrbios psicológicos, leves ou severos, podem causar doença no corpo está enfim começando a ser aceito" (Damasio, 1994).

Ao longo do tempo, e com a inserção em subsequentes experiências de aprendizado, emoções, pensamento e respostas físicas reais ativam ou acionam o sistema endócrino, o coração, a pressão sanguínea, além de outros sistemas biológicos que afetam a cognição e as emoções. Essa relação integrada e dinâmica entre o funcionamento do cérebro, incluindo as emoções, e sistemas corporais justifica o empenho para tornar o aprendizado do eu uma prioridade se desejamos resultados em termos de saúde e bem-estar.

É uma oportunidade fundamental para, no nível da existência humana, prevenir doenças mentais e físicas, entre outros resultados desejáveis. Um exemplo seria dar os passos iniciais para eliminar o diabetes tipo 2, a depressão ou a dor do manguito rotador por meio de nutrição e dieta. É de importância crucial refletir sobre nossos seis maiores sistemas corporais – digestório, circulatório, respiratório, muscular, esquelético e nervoso – para determinar se estão funcionando bem o suficiente para gerar a requerida energia para levarmos à frente

CAPÍTULO 3

os sonhos de uma vida próspera. Estamos nos colocando em situações que nos capacitam priorizar a saúde física? E estamos olhando para dentro a fim de determinar as mudanças necessárias em nosso eu interior?

Avaliação: ① ② ③ ④ ⑤
Reflexões:

Conexão dinâmica entre os atributos do eu

O eu como fonte de todas as possibilidades é demonstrado quando se olha para a conexão dinâmica entre os atributos do Eu Integrado descrito anteriormente. Quando muda um atributo do eu, os demais mudam também; acontece o mesmo quando um elemento de uma estrutura móvel suspensa se move com liberdade no ar e os outros elementos se movem igualmente.

Observar todos os atributos do eu em conexão reformula a saúde mental como a capacidade de prosperar e ter sucesso. Essa reformulação pode gerar novas abordagens, que vão melhorar a saúde mental e o bem-estar para todos nós. Defendemos a reformulação da saúde mental como bem-estar.

O autoconhecimento dá apoio, conectando-se aos principais conceitos deste livro: propósito, possibilidades e transformação. Ele o ajudará a descobrir seu propósito, e a nova perspectiva sobre seu propósito poderá criar novos sonhos, com novas possibilidades. Propósito e possibilidades são os caminhos para a sua transformação.

Como exemplo, veja o atributo "egos possíveis" do Eu Integrado. Quando está no processo de descobrir seu propósito singular e encontrar sua visão de vida, você é encorajado a vivenciar novos egos e a propor cenários "o que aconteceria se...", para ver se algum deles parece mais autêntico – mais no direito de representar seu núcleo ou verdadeiro eu. Você pode ter surpresas ao se aventurar além de seu meio social, da família e do próprio conjunto de crenças, e descobrir que um eu mais autêntico pode estar à espera de que você o descubra para se expressar.

CAPÍTULO 3

Ao testar, portanto, um ego possível, você pode se perguntar se acredita mesmo nele, se acredita que ele possa fazer as mudanças necessárias em seu autoconceito para conquistar novos sonhos para sua vida – sonhos que estejam baseados nesse novo senso de si mesmo. Nunca será demais insistir em como é importante que a pessoa tenha forte confiança em si mesma para se tornar capaz de sonhar e manifestar esses sonhos – "se você pode sonhar, você pode fazer" (Walt Disney).

Muitas vezes, sentimo-nos deprimidos ou emocionalmente desmotivados porque de fato passamos por uma perda de esperança, uma perda de inspiração. Quando vivenciamos mudanças pessoais intensas e transformamos o que temos de mais profundo, podemos achar que tudo o que construímos até o momento – todas as falsas crenças que achávamos dignas de crédito e todas as circunstâncias de nossa vida, como a ênfase exagerada na riqueza ou posses materiais – não representa nada e você pode cair em um estado de desespero ou desesperança.

Alguns dos que passaram por esse processo chamam-no de sensação de vazio e falta de sentido. É um sentimento e um estado de espírito temporários. Você tem em seu íntimo a maneira de ir para a frente e para cima, recorrendo à ideia de ter um propósito que é importante expressar em sua vida e no mundo. De repente, você sente a felicidade que descobriu, chegando mesmo a vivenciar a profundidade e a esperança que ela traz – você deixa uma marca em si mesmo!

Podemos sonhar com possibilidades que não existiam antes, perceber que temos a oportunidade de expressar aos outros o que vemos ser possível, e tornar isso real – vivendo, assim, uma bela experiência.

Capítulo 4

Quarta Etapa:
Conexão com o Bem-estar

O único denominador comum que encontramos em todos os casos é que o caminho para o bem-estar – nas oito dimensões antes descritas – se dá pela melhor compreensão de nós mesmos, tornando o eu e o autoconhecimento altas prioridades. O eu é a fonte de possibilidades. Seu eu e seu bem-estar são a parte central de sua realidade, e da criação da continuidade dela.

Refletindo sobre os atributos pessoais, você chegou a uma autoconsciência mais complexa e sofisticada, que apresenta a oportunidade de criar uma nova visão ou imagem de seu futuro eu. Agora você tem a possibilidade de colocar cada atributo do eu em um contexto bem conhecido para, com honestidade, acessar e determinar oportunidades para crescer e mudar em termos pessoais e profissionais.

O sucesso na vida requer bem-estar psicológico. A pesquisa de um psicólogo de Harvard, dr. Shawn Achor, demonstra que apenas 25% do sucesso vem do intelecto. Os 75% restantes se dividem entre níveis de otimismo e apoio social, além da capacidade de ver o estresse como um desafio em vez de uma ameaça. "Se mudarmos nossa fórmula para felicidade e sucesso, podemos mudar nossas realidades" (Achor, 2010). Além disso, apenas 10% das circunstâncias externas podem nos fazer prever um sucesso futuro, o que significa que 90% derivam da lente através da qual vemos o mundo e criamos nossa realidade, de dentro para fora.

Essas descobertas corroboram o cerne de nossa própria pesquisa e aplicam-se no desenvolvimento do bem-estar ao ensinar autoconhecimento e possibilidades para todas as pessoas. Temos desenvolvido os métodos que você está aprendendo neste livro. Eles o capacitam a criar um novo ego que lhe permitirá repensar a fórmula para seu sucesso, incluindo atributos como felicidade, otimismo, propósito, e construindo sua própria e significativa rede de apoio.

O sucesso pessoal é um estado de espírito que consiste em felicidade, em encontrar significado, em contribuir com outros, tendo a capacidade de criar relacionamentos profundos e significativos, de cultivar talentos singulares e a energia e motivação para realizar coisas.

Os fatores do bem-estar psicológico

Aprendemos que a maioria das pessoas não sabe o que é saúde mental e bem-estar.

Saúde mental não é o contrário de doença mental; são dois paradigmas muito diferentes e distintos de compreensão de estado mental ou condição psicológica, seja a nossa ou a de outra pessoa. Segundo a Organização Mundial de Saúde (OMS), saúde mental é "um estado de bem-estar em que o homem ou a mulher colocam em prática suas aptidões, conseguem lidar com as tensões normais da vida, podem trabalhar de modo produtivo e eficiente, sendo capazes de contribuir com sua comunidade". Saúde mental, portanto, não é apenas a ausência de doença mental, mas um "estado de bem-estar"

CAPÍTULO 4

que permite ao indivíduo perceber e concretizar os potenciais singulares que possui na vida.

Nossa maneira habitual de pensar e falar em saúde mental é achar que algo precisa andar errado – uma profunda preocupação com estados internos como depressão, ansiedade, concepções suicidas, sentimentos de raiva ou comportamentos sociais em que alguém sofre abuso ou humilhação. Muitas vezes, não temos consciência de que o mero cumprimento das obrigações diárias em um estado de dormência, ou não viver de acordo com nossa noção de potencial humano – no sentido de não usar, de maneira plena, todos os dons naturais –, são também indícios de falta de saúde mental. Em outras palavras, saúde mental não é apenas a ausência de sintomas de doença mental.

Do campo da psicologia positiva, e em particular pelo trabalho da dra. Carolyn Ryff, sabemos que saúde mental e bem-estar podem ser vistos em uma escala de –5 a 0 e de 0 a +5. De modo geral, pessoas com doença mental são avaliadas no lado negativo da escala, enquanto saúde mental e bem-estar são avaliados no lado positivo. Começamos a florescer quando nosso bem-estar psicológico está acima de 0.

O bem-estar psicológico é um estado de espírito no qual os indivíduos têm:

- Autonomia. Os indivíduos são independentes e mantêm seu comportamento sem levar em conta as pressões sociais. Uma declaração que serve de exemplo para esse critério é: "Tenho confiança em minhas opiniões, mesmo que elas sejam contrárias ao consenso geral".

Alguns exemplos de respectivos atributos do Eu Integrado são: lócus de controle, autoeficácia e compreensão de si mesmo.

- Domínio circunstancial. Os indivíduos fazem uso eficaz das oportunidades e têm senso de domínio ao administrar circunstâncias, atividades e fatores externos, entre eles, a gestão de assuntos cotidianos e a criação de situações para atender a necessidades pessoais. Um exemplo de declaração para esse critério é: "Em geral, sinto que estou no comando da situação em meio à qual vivo".

Alguns exemplos de respectivos atributos do Eu Integrado são: autoestima, autodeterminação e cognição.

- Crescimento pessoal. Os indivíduos continuam a se desenvolver, acolhem novas experiências, reconhecem um aprimoramento em seu comportamento, têm a capacidade de "vivenciar suas experiências", tais como sentimentos, e aumentar a compreensão de si mesmos ao longo do tempo. Um exemplo de declaração para esse critério é: "Acho importante ter novas experiências que desafiem como eu penso sobre mim e o mundo".

Alguns exemplos de respectivos atributos do Eu Integrado são: egos possíveis, identidade e autoconceito.

- Relações positivas com os outros. Os indivíduos se envolvem em relacionamentos significativos com os outros, que incluem empatia recíproca, intimidade e afeto. Um exemplo de declaração para esse critério é: "As pessoas iriam me descrever como uma pessoa generosa, disposta a compartilhar seus dons com os demais".

CAPÍTULO 4

Alguns exemplos de respectivos atributos do Eu Integrado são: autoafeto, autoestima e pertencimento.

- Propósito de vida. Indivíduos que se esforçam para ter uma compreensão mais profunda de por que estão aqui possuem uma forte e estimulante orientação e convicção de que a vida tem sentido e querem contribuir para o bem maior. Um exemplo de declaração para esse critério é: "Algumas pessoas vagam sem rumo pela vida, mas não sou uma delas".
Alguns exemplos de respectivos atributos do Eu Integrado são: sentido da vida; propósito de vida e espiritualidade; e inspiração, esperança e sonhos.

- Autoconhecimento. Os indivíduos têm uma atitude positiva a respeito de sua vida interior e seu ego, além de uma curiosidade ou motivação inatas para entender, em múltiplas dimensões, quem eles são. Um exemplo de declaração para esse critério é: "Gosto do caminho em que estou e de quem estou me tornando".
Todos os atributos do Eu Integrado têm relação com o autoconhecimento.

- Saúde holística. Os indivíduos sentem-se saudáveis em termos emocionais, psicológicos e físicos, e têm o necessário nível de energia, motivação e esperança para manifestar seu propósito maior e sonhos de uma vida melhor.
Alguns exemplos de respectivos atributos do Eu Integrado são: felicidade, corpo físico e prosperidade.

101

A Reflexão a seguir vai lhe permitir se avaliar quanto a esses fatores de saúde mental e bem-estar. Se em algum dos fatores que avaliar você não estiver funcionando plenamente, de acordo com os próprios padrões, veja isso como uma oportunidade para tomar as medidas necessárias. Saiba que, se tomar as devidas medidas para melhorar qualquer critério ou combinação de critérios, o benefício será seu – você é quem tirará proveito.

~ REFLEXÃO ~
Conexão pessoal com os fatores de bem-estar psicológico

Crie uma conexão pessoal com os fatores de bem-estar psicológico. Em uma escala de 1 a 5, com 5 representando uma alta pontuação ou força, classifique-se em cada um dos fatores de bem-estar. Em seguida, descreva que fator poderia ser uma força especial sobre a qual construir seu sucesso futuro.

Autonomia. Você tem determinação e é independente; é capaz de resistir às pressões sociais para pensar e agir de determinada maneira; mantém seu comportamento segundo o que há dentro de você, e não fora; e se avalia por padrões pessoais.
Avaliação: ① ② ③ ④ ⑤

Domínio ambiental. Você tem senso de domínio e competência na gestão do seu ambiente; controla um conjunto complexo de atividades externas; faz uso eficaz das oportunidades

que estão ao redor; e é capaz de escolher ou criar contextos adequados a necessidades e valores pessoais.
Avaliação: 1 2 3 4 5

Crescimento pessoal. Você tem uma sensação de contínuo desenvolvimento; vê a si mesmo crescendo e se expandindo; está aberto a novas experiências; tem a sensação de estar realizando seu potencial; vê melhorias em si mesmo e em seu comportamento ao longo do tempo; e está mudando de um modo que reflete mais autoconhecimento e eficácia.
Avaliação: 1 2 3 4 5

Relações positivas com os outros. Você é capaz de ter relacionamentos calorosos, gratificantes e de confiança com os outros; está preocupado com o bem-estar dos demais; é capaz de sentir forte empatia, afeto e intimidade; e entender o dar e receber das relações humanas.
Avaliação: 1 2 3 4 5

Propósito de vida. Você tem conexão com sua espiritualidade e sonhos de vida; tem um senso de direção; sente que há um significado em experiências da vida presente e de vidas passadas; sustenta crenças que dão sentido à sua vida e tem metas e objetivos para viver.
Avaliação: 1 2 3 4 5

Autoconhecimento. Você possui uma atitude positiva com relação a si mesmo; reconhece e aceita múltiplos aspectos de si mesmo, entre eles, boas e más qualidades; e tem

sentimentos positivos com relação a experiências anteriores de vida.
Avaliação: ① ② ③ ④ ⑤

Saúde holística. Você se sente saudável em termos emocionais, psicológicos e físicos, e tem o necessário nível de energia, motivação e esperança para manifestar seu propósito e sonhos de uma vida melhor.
Avaliação: ① ② ③ ④ ⑤

Escolha acima um dos fatores de bem-estar que seja um de seus pontos fortes e descreva como ele pode ajudá-lo a construir seu futuro sucesso.

_____
_____
_____
_____

Escolha outro fator que lhe ofereça oportunidades de crescimento e descreva como ele pode ajudá-lo a explorar novas possibilidades.

_____
_____
_____
_____

CAPÍTULO 4

Sua aptidão para crescer e mudar

Pessoas de todas as idades – crianças, adolescentes, jovens adultos e adultos – precisam aprender a mudar suas crenças quando necessário, a criar um futuro melhor para si e uma vida melhor para todos. A incapacidade de mudar nossas crenças é um sintoma da condição psicológica conhecida como "mentalidade fixa".

O campo da psicologia positiva esclarece que alguém com uma mentalidade fixa tem o objetivo de conseguir reconhecimento. Essa pessoa está sempre tentando comprovar sua competência e tem extrema sensibilidade à possibilidade de estar errada ou cometer um erro. O fracasso lhe traz dúvidas, desmerece seu caráter e destrói sua confiança. Como resultado, alguém com mentalidade fixa sempre se sente ansioso, fica vulnerável a contratempos ou críticas e se julga impotente no mundo. Entre os comportamentos resultantes estão *bullying*, agressividade em relação a outros, humilhando aqueles que representam diferentes pontos de vista e desabafando ou se expressando de maneira inadequada para liberar o estresse e a ansiedade acumulados.

A capacidade de desenvolver "resiliência" está rapidamente se tornando uma importante qualidade pessoal para se levar uma boa vida. Resiliência é o processo de se adaptar bem diante de adversidades, traumas, tragédias, ameaças ou mesmo fontes significativas de estresse – como problemas de família e relacionamento, problemas sérios de saúde ou questões acadêmicas e financeiras que gerem estresse. Significa ter "jogo de cintura" para enfrentar experiências difíceis.

Uma combinação de fatores contribui para a resiliência. O fator primário na resiliência é ter uma consciência que inclua um propósito de vida. Crianças em idade escolar, adolescentes e jovens adultos que sejam responsáveis e desfrutem de bem-estar psicológico têm risco mais baixo de enfrentar transtornos de saúde mental e diagnósticos de saúde física que incluam, entre outras coisas, ansiedade, depressão, obesidade, desatenção, abuso de drogas e *bullying*. Assim, o autoconhecimento é um importante fator de proteção quando está presente na vida de um jovem adulto que se prepara para a faculdade e uma carreira profissional. Vivenciar o ego – o ego completo – é o ponto máximo de capacidade socioemocional e o mais importante fator de proteção para transmitir a crianças, adolescentes, jovens adultos, e ao longo da vida de todos os adultos maduros.

Capítulo 5

Quinta Etapa: Superação de Obstáculos ao Crescimento: Arrependimentos e Ressentimentos

Neste capítulo, você vai vivenciar muitas emoções – e isso é bom. Não censure nem reprima suas emoções, tampouco as julgue. Se está triste porque alguém não o ama como você esperava que amasse, sua tristeza é legítima, real, e tudo bem. Você estará entrando em um nível de compreensão mais profundo sobre o que o tem impedido de ver novas possibilidades em sua vida e de criar novas experiências, mais de acordo com o que você deseja e pode imaginar.

Você vai se perguntar, ou já se perguntou, por que não está alcançando ou realizando o que lhe parecem objetivos relativamente pequenos e simples. Pode achar que está empacado, ou, pelo menos, sem se mover em direção à vida que deseja. Muitas vezes, a repressão das emoções é o que está por trás do que o mantém preso ao mesmo lugar, impedindo seu crescimento. Em boa parte do tempo, há duas emoções que criam os maiores bloqueios ao desenvolvimento de nossa percepção consciente de quem somos e de nossos potenciais futuros: raiva e tristeza.

Ao ler este capítulo, você pode achar que não vale a pena deixar que esses pensamentos e sentimentos venham à tona; sua vida está indo muito bem e você está relativamente bem. Contudo, quando *você* se permite entrar em contato com a mais ampla gama de emoções possível, está reverenciando seu eu central e comunicando a si mesmo que vale a pena ter sentimentos profundos e plenos a seu respeito. Dê pequenos passos; depois, à medida que avançar nas reflexões e pela vida diária,

CAPÍTULO 5

um número cada vez maior de incidentes serão relembrados. É um processo saudável. Não abra mão de "sentir seus sentimentos"; eles são seus e são muito pessoais.

George Bernard Shaw disse: "As pessoas estão sempre culpando as circunstâncias pelo que aconteceu com elas. Não acredito em circunstâncias. As pessoas que se saem bem no mundo são aquelas que acordam, procuram as circunstâncias que querem e, se não conseguirem achá-las, criam-nas". Permitir a si mesmo recordar e sentir plenamente emoções sobre eventos passados vai capacitá-lo a completar essas emoções, a seguir em frente superando as circunstâncias e criando o futuro.

O ator e produtor de cinema Will Smith (2018) descreveu a diferença entre culpa e responsabilidade: "Enquanto estivermos apontando o dedo para enfiá-lo nos que têm culpa de algo, estaremos bloqueados e encurralados no modo vítima. E, quando a pessoa está no modo vítima, ela está empacada e em sofrimento. [...] A estrada para o poder está em assumir responsabilidades. Seu coração, sua vida e felicidade são de sua responsabilidade, e apenas sua".

A vida acontece com você em um nível inconsciente, que o acompanha desde o nascimento até a morte. Você passa por inúmeras experiências de vida, muitas das quais com consciência, embora de outras não consiga lembrar – mas em algum lugar poderá lembrar, pois até seus músculos armazenam experiências em seu corpo. Você está em algum lugar intermediário, fazendo a transição de uma fase da vida para a seguinte. Transições são por definição caracterizadas por mudanças, algumas superficiais, outras em níveis mais profundos de caráter ou personalidade.

AS OITO ETAPAS PARA ALCANÇAR O BEM-ESTAR

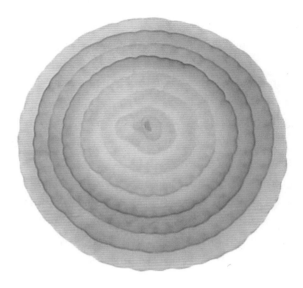

As experiências e os eventos da vida se dispõem em sua mente como as camadas de uma cebola fatiada, como apresentado na figura acima. Para melhor compreensão e uso na Reflexão seguinte, considere que você viveu a vida inteira, do nascimento até o dia de hoje, vivenciando em cada momento de cada dia variados eventos, que são feitos de circunstâncias, sentimentos, interpretações e suposições. Alguns são acontecimentos importantes, enquanto outros passam quase sem deixar rastro ou lembrança. Outros, ainda, como eventos traumáticos, são onipresentes no impacto que têm sobre sua psique e no estado psicológico de sua mente. No centro da cebola estão as experiências dos primeiros anos de vida, enquanto as camadas externas estão mais próximas do dia atual ou das experiências recentes.

CAPÍTULO 5

~ REFLEXÃO ~
Arrependimentos

Reflita sobre toda a sua vida, do nascimento ao presente, para recordar as experiências que mais o afetaram. Lembre-se: *você* decide quais foram elas e quais não.

Repasse cada experiência e determine se sente algum arrependimento. Se tiver uma sensação de desconforto ao fazer esta e a próxima Reflexão, isso é normal e esperado. Se ela ficar muito intensa, faça uma pausa, medite com respiração profunda para desanuviar a mente ou faça um passeio antes de retornar à Reflexão. E, se entrar em crise, procure ajuda profissional o mais breve possível.

Definição de arrependimento:
Um sentimento conturbado ou remorso sobre algo que aconteceu, especialmente algo que você fez ou deixou de fazer.

Definição de remorso:
Um profundo, torturante sentimento de culpa devido a um erro que cometeu; autorreprovação (isto é, culpar a si mesmo).

Processo de arrependimento

Localize, em sua vida, algo de que se arrependa e responda às seguintes perguntas.

1. O que você fez exatamente, ou deixou de fazer, e se arrependeu por isso?

2. Quando você fez ou deixou de fazer?

3. Por qual parte do que fez (ou não fez) você pode ser responsabilizado?

4. Por qual outra parte do que fez (ou não fez) está disposto a assumir a responsabilidade?

5. Repita o item 4 até vivenciar a sensação de ter levado ao máximo esse arrependimento.

6. Qual é o *benefício inconsciente* que você ganha ao se arrepender do fato em vez de tentar esclarecê-lo, manipulá-lo ou deixá-lo como está? O benefício inconsciente é algo que você obtém para evitar constrangimentos, como ter de admitir que estava errado acerca de alguma coisa ou ter de assumir um novo risco na vida. Às vezes, é difícil enxergá-lo, mas ele está aí.

7. O que *custa* para você não esclarecer a situação, não lidar com ela, deixá-la como está?

CAPÍTULO 5

8. Por favor, entre em contato com a emoção apropriada e a intensidade dessa emoção; por exemplo, se está triste, expresse com tristeza o arrependimento.

9. Comunique aos outros os arrependimentos de sua vida, primeiro neste livro ou em seu diário, depois em uma carta que você pode optar por enviar ou não, e depois pessoalmente, se se sentir compelido a isso e tiver concluído que é um caminho seguro para você e para o outro, ou outros envolvidos.

10. Declare a si mesmo: "Estou disposto a finalizar e a liberar esse arrependimento".

11. Repita os itens 1 a 10 até completar os principais arrependimentos de que possa se recordar em sua vida.

Use este espaço para reflexões:

_____
_____
_____
_____
_____
_____
_____
_____

~ REFLEXÃO ~
Ressentimentos

Reveja experiências que causaram impacto em sua vida e determine se tem algum ressentimento.

Definição de ressentimento:
Sentimento de mágoa ou indignação amargas que vem de uma lembrança de ter sido ferido ou ofendido em termos emocionais, psicológicos e físicos. Indignação ou má vontade sentida como fruto de uma injustiça real ou imaginária (ver *Definição de raiva*).

Definição de ressentir-se:
Sentir mágoa ou indignação amargas por algum ato ou comentário, ou em relação a uma pessoa, a partir do sentimento de ser agredido ou ofendido.

Definição de raiva:
Forte emoção que sentimos quando achamos que alguém se comportou de maneira injusta, cruel ou inaceitável.

CAPÍTULO 5

Processo de ressentimento

Localize em sua vida uma pessoa específica de quem você tenha ressentimento e responda às seguintes perguntas:

1. O que aconteceu?
2. Quando aconteceu?
3. Onde aconteceu?
4. O que aconteceu exatamente que o deixou ressentido?
5. No que diz respeito a essa situação, o que você deixou de comunicar?
6. Para quem deixou de comunicar isso?
7. Se ele, ou eles estivessem aqui agora, o que exatamente você lhes diria?
8. Entre em contato com a emoção apropriada e a intensidade dela.
9. Depois de concluir esse processo para todos os ressentimentos de que possa recordar, procure se comunicar com outras pessoas até que tenha conseguido se expressar de maneira plena e esteja saciado. Como fez ao expressar seus arrependimentos, em primeiro lugar, registre seus

pensamentos e sentimentos, depois escreva uma carta, para enviar ou não, a determinada pessoa e, então, sentindo-se compelido a isso, procure se comunicar pessoalmente, caso tenha concluído que esse procedimento é seguro para você e para o outro, ou outros indivíduos.

10. Declare a si mesmo: "Estou disposto a finalizar e dispensar esse ressentimento".

11. Repita os itens de 1 a 10 até concluir todos os ressentimentos que sente neste momento.

Use este espaço para reflexões:

_____
_____
_____
_____
_____
_____
_____
_____
_____
_____
_____
_____
_____
_____

Capítulo 6

Sexta Etapa: Como Ouvir seu Eu Mais Profundo pela Meditação *Mindfulness* (Atenção Plena)

A Reflexão deste capítulo lhe oferece a oportunidade de fazer seu próprio exercício de *mindfulness* por meio de uma meditação autoguiada. É realmente uma meditação divertida, gratificante e profundamente satisfatória. Cada vez que for até esse local de atenção plena, tenha em mente todos os atributos do eu aprendidos até agora e observe seu crescimento ao acessar sua fonte de poder, seu eu interior.

Você será envolvido em uma conversa interior positiva. Estará se comunicando com os níveis mais profundos de consciência, o subconsciente e a intuição. Sua mente inconsciente sempre diz "sim" ao que sua mente consciente expressa. Portanto, é de seu interesse declarar pensamentos positivos, ou perguntar coisas positivas, para obter concordância e apoio da mente inconsciente. Além disso, de repente você se verá fazendo perguntas desse tipo ao lidar com as atividades diárias como uma forma de meditação *mindfulness*.

O tamanho ou espaço de sua escuta é o tamanho das possibilidades que lhe serão abertas.

CAPÍTULO 6

~ REFLEXÃO ~
Fazendo perguntas a seu eu interior

Essas perguntas revelam o tamanho de sua atenção e proporcionam acesso ao seu eu interior.

Perguntas sobre conselhos, análises, amigos, carreira, relacionamentos e percepções costumam ser bons tipos de perguntas a se fazer quando queremos nos abrir a níveis mais profundos de conhecimento.

Alguns exemplos:

"Que providências posso tomar para...?"
"Como posso melhorar em...?"
"Qual é um bom modo de abordar...?"
"Qual é meu próximo passo em...?"

As perguntas a serem feitas a nós mesmos devem requerer mais que uma resposta do tipo "sim ou não". Isso nos dará oportunidade de nos comunicarmos verbalmente com nosso eu interior. Um resposta "sim ou não" não dá muita margem para uma extensa comunicação.

Anote agora três perguntas que queira fazer sobre qualquer coisa que deseje saber.

1. _____
_____
_____
_____
_____

2. _____
_____
_____
_____
_____

3. _____
_____
_____
_____
_____

Pausa

Por favor, pare aqui e reserve um tempo para refletir sobre suas perguntas. Leve o tempo que precisar – minutos, horas, dias ou mais.

CAPÍTULO 6

~ REFLEXÃO ~
Indo mais fundo ao usar a meditação *mindfulness*

Você tem o poder de ouvir seu eu interior em seu nível mais profundo. Pode acessar esse lugar interior mais profundo na técnica que está prestes a exercitar. Neste momento, *escolha* formalmente ir a esse lugar mais profundo dizendo: "Opto por ir a um lugar mais profundo dentro de mim; opto por me conhecer em um nível mais profundo".

Por favor, leia os três parágrafos seguintes devagar e com atenção. Leia-os várias vezes, para que possa se lembrar dos passos a serem seguidos quando seus olhos não estiverem abertos. Depois, respire profundamente por alguns momentos e relaxe todo o corpo. Então feche os olhos para avançar nesta meditação guiada:

Imagine-se avançando por um caminho iluminado que cruza uma bela área de floresta. É um lugar seguro para se deixar levar, para deixar os pensamentos vagarem com liberdade. Você está sozinho e se sente muito seguro e protegido.

Você vê à sua frente, ao longe, uma bela casinha ou alguma outra estrutura acolhedora. Você é atraído para esse lugar mágico por uma força poderosa, uma luz muito brilhante que não fere os seus olhos; de fato, parece até agradável olhar para ela. A luz o atrai para mais perto, mais perto, e ainda mais perto. Você quer chegar cada vez mais perto da luz clara, brilhante. Quanto mais você se aproxima da fonte de luz, melhor se sente por dentro.

Agora você está apenas a uns poucos metros da fonte de luz brilhante e vê um professor ou mentor, alguém em quem você confia e de quem gosta muito, e que lhe deseja felicidades... Você está apenas a centímetros desse guia, que quer saber de suas três perguntas. Ouça com a mente aberta o que seu guia vai lhe comunicar.

Abra os olhos e anote as respostas para suas três perguntas.

1. _____
_____
_____
_____

2. _____
_____
_____
_____

3. _____
_____
_____
_____

Reflita sobre as respostas. As especificidades do que você viu não são de grande importância: seu professor pode acabar sendo alguém que você não conhece, alguém que conhece ou apenas uma forma de energia ou presença, e você pode chegar

CAPÍTULO 6

a qualquer lugar, desde um pequeno chalé a uma bela casa de culto. Imagine o que funcionar bem para você. E tudo pode ser diferente a *cada vez* que fizer esta Reflexão.

Após exercitar essa técnica, responda a si mesmo às perguntas abaixo e depois, se quiser, use as perguntas para interagir com outra pessoa que esteja dando pleno apoio à sua pesquisa.

1. As perguntas e respostas foram as que você esperava?

_____
_____
_____

2. Quais respostas foram úteis?

_____
_____
_____

3. Qual era a fonte de luz?

_____
_____

À medida que prosseguir com sua vida diária, esteja disponível para suas experiências – ou, em outras palavras: "vivencie suas experiências" de maneira plena –, pois elas são poderosamente ricas, belas e repletas de significado e alegria!

Capítulo 7

Sétima Etapa:
Transformação da Consciência

Você alcançará um pico ou um ponto alto em suas experiências nos Capítulos 7 e 8, até a conclusão do Indicador do Sucesso, uma estrutura que desenvolvemos na qual você monta o DNA de sua consciência, os vários níveis de seu eu completo e do futuro que pode imaginar e, portanto, criar. Você vai alinhar sua vocação mais elevada a seu propósito de vida, ao que você vê ser possível para você e a humanidade, e a caminhos diretos para implementá-lo no mundo e em sua vida. É um trabalho árduo, profundo, e que vale todo o esforço empreendido. Você vai ver e vivenciar um ego inteiramente novo, seja de imediato ou durante o processo do Indicador do Sucesso – de fato, algo emocionante!

Você se envolverá em um "despertar de consciência", uma experiência transformadora, enquanto lê e aplica o Indicador do Sucesso à própria vida.

O Indicador do Sucesso é um dispositivo bastante eficaz usado por pais, professores e escolas, faculdades, gestores de desenvolvimento profissional e conselheiros psicológicos para ajudar a guiar pessoas de todas as idades, estágios de desenvolvimento e classes sociais rumo a expressões mais elevadas do que é possível para elas. É usado para avaliar, diagnosticar e intervir na atitude de quem quer compreender e alcançar os plenos e singulares potenciais que tem na vida e assim se capacitar para ser bem-sucedido, manifestando esses potenciais plenos e singulares.

O Indicador do Sucesso é um dispositivo para seu desenvolvimento pessoal e profissional, para determinar quem é você e os caminhos que levarão à sua definição de sucesso. Esse dispositivo requer que você determine as *próprias* definições de sucesso e realização ao escutar seus pensamentos e sentimentos.

Ele é usado para determinar motivações internas para o sucesso, entender pontos de referência sobre capacitações, diagnosticar estados internos de bem-estar, desenvolver culturas familiares capacitantes, formular aspirações de carreira, determinar perspicácia profissional, compreender interesses de programas acadêmicos, orientar a vida e rumos profissionais, entender paradigmas pessoais de realidade e, entre outras coisas, fornecer orientação para intervenções. O Indicador do Sucesso será usado para guiá-lo ao fazer a transformação da pessoa que você acha que deveria ser para a pessoa que você sabe que está destinado a ser.

Aprender sobre quem você é e como criar uma grande vida, com a possibilidade de inúmeras experiências, vai lhe oferecer uma oportunidade especial, possivelmente pela primeira vez em sua vida, de refletir sobre "quem sou eu agora?" e "como minhas circunstâncias de vida me moldaram para ser a pessoa que eu deveria ser?".

Essas circunstâncias podem ser valores familiares, traumas de infância, tradições, comportamentos e forças culturais dominantes – como a mídia social, o predomínio da prescrição médica no abuso de drogas, tiroteios em massa em escolas, o aquecimento global, entre outras. Você poderá fazer esta reflexão: "Quem eu deveria ser?". Especial e única é a oportunidade de considerar seu propósito de vida. "Tenho uma missão, ou sonhos reprimidos para minha vida?" e "O que é significativo para mim?" estão entre as importantes questões a se responder neste estágio de desenvolvimento e transição.

Como funciona o Indicador do Sucesso

Como escrevemos na Introdução, as emoções nos motivam a crescer e fazer diferença no mundo real. Sem emoções e raciocínio motivado, a mudança não é possível. Quando você sabe o que quer e se apaixona por isso, cria-se a tensão estrutural. Tensão estrutural é a energia criada quando um indivíduo visualiza um desejado estado futuro, embora se mantenha plenamente consciente das limitações da realidade corrente. A diferença entre o desejado estado futuro e a realidade corrente cria uma tensão que busca resolução para um lado ou para o outro.

A ideia de tensão estrutural aplica o primeiro axioma da dinâmica estrutural (Fritz, 1984; Jung, 1972; Odum, 1988) à mudança individual. Carl Jung, o psicólogo dos arquétipos, descreveu a dinâmica estrutural inconsciente como força motriz dentro de nós – um ecossistema de consciência. A aplicação da dinâmica estrutural de Howard Odum demonstra como a inércia se acelera em determinados estados de tensão. Robert Fritz se valeu dessa ideia e demonstrou como aplicá-la ao desenvolvimento humano com o uso de um manipulador, o elástico, que ajuda a tornar a ideia experimental. Nos parágrafos seguintes, colocamos esses conceitos juntos em um processo holístico de integração.

Em qualquer processo de transformação, é fundamental estabelecer essa tensão estrutural a fim de capacitar a mudança positiva. Quando essa tensão é criada, o pensamento emocional impulsiona o processo de mudança. Como ser humano que quer crescer e se transformar, é sua responsabilidade aprender como estabelecer essa tensão estrutural na vida diária, sem precisar depender de pai e mãe, conselheiros profissionais ou outros peritos. Naturalmente, utilize-se, por favor, desses especialistas se eles puderem facilitar seu crescimento, desenvolvimento ou domínio com o emprego dos métodos deste livro.

Providencie, por favor, um elástico para fins de demonstração. O conceito de tensão estrutural pode ser mais bem compreendido com o uso do elástico. Coloque uma ponta do elástico em sua mão esquerda e chame-a de realidade atual; depois, coloque a outra ponta do elástico na mão direita e chame-a de visão do futuro.

O Indicador do Sucesso usa uma dinâmica para a qual a tensão busca resolução (veja a figura a seguir). Isso dá início ao processo de mudança – o desejo emocional de atingir um estado futuro, uma meta, um sonho. Esta dinâmica é essencial para que todos o entendam e o apliquem à própria vida, à carreira e a seu bem-estar.

CAPÍTULO 7

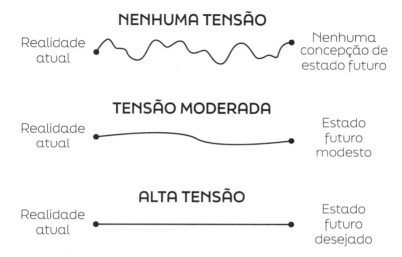

A imagem anterior apresenta três níveis de tensão entre o lado esquerdo, realidade atual e o lado direito: o grau de desejo do estado futuro. O primeiro nível é "Nenhuma tensão", indicando que você está apenas passando pelos movimentos, flutuando pela vida, permitindo que as circunstâncias ditem a direção, os sentimentos e o senso de si mesmo, com muito pouco compromisso com alguém ou algo, incluindo a si mesmo e seu crescimento e desenvolvimento pessoal. Além disso, você pode não ter uma imagem clara da realidade presente, nem quanto a estados emocionais, nem quanto a situação física.

O segundo nível, "Tensão moderada", indica um modesto compromisso com um desejado estado futuro, na maioria das vezes com capacidade para prever circunstâncias gerais, como mais dinheiro, um carro novo ou novos relacionamentos. É bem provável, se é aqui que você se encontra, que não seja capaz de prever um estado futuro que inclua emoções ou seja uma parte importante de sua qualidade de vida. É provável que não tenha muita clareza sobre seu presente estado emocional.

O terceiro nível, "Alta tensão", indica a capacidade de sonhar com uma imagem plena e inteira, que inclui estados emocionais de ser, quem você quer se tornar (por exemplo, uma pessoa saudável que faz a diferença), além de numerosas e claras distinções sobre realidades futuras emocionais e circunstanciais. Você também é capaz, neste nível, de identificar com clareza estados emocionais atuais, mesmo que incluam tristeza ou frustração, pois o futuro estado ainda está por se realizar. Também está mais esclarecido sobre seu potencial singular na vida – algo especial que tem para dar ou contribuir com outros e/ou o mundo.

O eu é o intermediário, ou corredor, que conecta o social com o pessoal, o exterior com o interior e o presente com o futuro. É por isso que nos aprofundamos tanto na compreensão dos trinta atributos do Modelo do Eu Integrado – o eu molda todos os caminhos importantes.

O ciclo de crescimento em todos os seres humanos começa com o fenômeno natural de que a tensão tem de ser criada e que ela busca uma resolução. Pessoas criam a si mesmas e criam a própria realidade, futuro e bem-estar.

Desse evento natural vem uma energia ou força que o impulsiona rumo ao resultado escolhido. Essa força é gerada a partir do movimento natural de tensão rumo à resolução. Se esticarmos um elástico, ele tende a buscar resolução da tensão estrutural que criamos. Ao se mover para a resolução, ele libera energia. De modo um tanto similar, você pode aprender a criar

CAPÍTULO 7

tensão estrutural em sua consciência. À medida que se move para a resolução, sua consciência gera e libera uma energia que é empregada no processo real de movê-lo de onde está para onde quer ir.

Quando esse princípio é usado da maneira correta, os resultados, muitas vezes, parecem ocorrer sem esforço, com facilidade. É até comum que pessoas relatem o fenômero de resultados que ocorrem "como se fosse mágica!".

Essa tensão pode ser resolvida de duas maneiras (ou de uma combinação das duas):

1. A tensão pode ser resolvida por meio de uma mudança em sua visão, de modo que venha a corresponder de melhor maneira à realidade atual. Em outras palavras, ao concluir que "as coisas não são tão ruins" ou "acho que realmente não quero isso", você desiste da sua visão, reduz a tensão estrutural e não obtém o resultado que de fato deseja.

2. A tensão pode ser resolvida por meio de uma mudança na realidade, de modo que suas circunstâncias externas venham a corresponder mais de perto à sua visão. Em outras palavras, a tensão estrutural é resolvida pela obtenção do que você deseja.

O grau em que você mantém a clareza da visão é o grau em que a tensão tenderá a se resolver em favor dessa visão.

Criar tensão estrutural o levará aonde deseja

"Tensão estrutural" e "tensão psicológica" são, quando as entendemos, coisas significativamente diferentes. A tensão de que estamos falando é a tensão estrutural. Não se trata de tensão psicológica, que é vivenciar ansiedade, depressão, conflito ou estresse fisiológico ou psicológico.

É comum as pessoas converterem tensão estrutural em tensão psicológica. Isso vem da falta de apreço pela discrepância e da intolerância a situações cuja realidade presente não é como a desejada. É essa a premissa sobre a qual toda a profissão da psicologia é construída.

A criação eficaz de resultados *vem do cultivo da, e não do repúdio à, tensão estrutural.* É importante observar a diferença entre tensão psicológica e estrutural, pois em seu processo de transformação você usará a tensão estrutural, ao mesmo tempo que contribuirá para uma vivência de relaxamento, equilíbrio e paz interior.

Como a tensão estrutural resulta de uma discrepância entre o que você deseja (visão) e o que tem agora (realidade atual), o melhor meio de cultivar a tensão estrutural é:

- **Seja claro sobre o que você deseja (visão).**

    Se vivenciar tensão psicológica ou conflito sobre não ter o que deseja, você pode se sentir tentado a reduzir seus sonhos a "proporções realistas" e "não querer abraçar o mundo com as mãos", voltando-se para novas possibilidades. Ao reduzir dessa maneira sua visão, estará reduzindo também a tensão estrutural, tornando, assim, muito menos

CAPÍTULO 7

provável que consiga o que, de fato, deseja e manifeste o que é possível para você. Se, em vez disso, continuar sustentando a visão do que realmente quer – mesmo que se sinta um pouco desconfortável ao fazê-lo –, a tensão estrutural se manterá, e será liberada uma energia poderosa que o ajudará a concretizar sua meta.

- **Seja claro sobre o que tem agora (realidade atual).**

Outra maneira de se sentir tentado a evitar ou a tentar resolver a tensão psicológica proveniente de não ter o que deseja é obscurecer ou deturpar a realidade atual dizendo a si mesmo: "Ela realmente não é tão má" (um pensamento falso-positivo) ou ignorando fatos desagradáveis que lhe causariam desconforto se você os enfrentasse. Você pode até chegar a ponto de mentir para si mesmo sobre o verdadeiro estado das coisas, achando que está se saindo bem quando realmente não está. Mais uma vez, tais estratégias tendem a enfraquecer a tensão estrutural e a reduzir suas chances de ter o que deseja.

Quando está no processo de transformação para criar a vida que deseja, você quer conhecer a realidade atual, mesmo se ficar desapontado ou desconfortável com aquilo que vê. No processo de transformação, *a realidade atual é um feedback essencial de que você precisa* para contribuir com a tensão estrutural. A tensão estrutural ajudará a lhe trazer os resultados que deseja.

Exemplo:
Você tem a visão de um "emprego maravilhoso", que inclui expressar seus talentos e aptidões, trabalhando com pessoas criativas em uma atmosfera estimulante e ganhando um salário confortável. A realidade atual é que está desempregado. Criar tensão estrutural envolve perceber a realidade de sua situação de desemprego, conservando uma visão do trabalho que deseja e permitindo a existência da discrepância entre sua realidade e sua visão.

A tensão estrutural existe como diferença inerente entre sua visão (ter um grande emprego) e sua realidade (desempregado).

A tensão psicológica pode existir se você ficar tenso ou ansioso sobre sua situação de desemprego. Ao apreciar a discrepância entre a realidade atual e sua visão, sem reduzi-la de modo artificial, para evitar qualquer desconforto que possa vir a sentir, você tenderá a resolver a discrepância a favor da visão.

CAPÍTULO 7

~ REFLEXÃO ~
Criando tensão estrutural entre visão e realidade

1. O que você tende a fazer quando a tensão estrutural está presente em sua vida?

2. O que você deseja?

3. Qual é sua situação atual (sua realidade atual)?

~ REFLEXÃO ~
Como descobrir seu propósito maior e o que é possível para sua vida

O Indicador do Sucesso é uma moldura a ser completada quando estamos procurando o que temos pela frente em termos, entre outras coisas, de transições de vida, relacionamentos, família, mudanças de escola e de carreira, e desenvolvimento pessoal em tempos de crise. Essa moldura nos ajudará a compreender quem somos e quem estamos destinados a ser.

Antes de completar o Indicador do Sucesso, é importante ler e se familiarizar com as categorias e definições usadas na moldura. As definições são fornecidas para ajudá-lo a formular uma conexão pessoal à categoria. Para completar a moldura do Indicador do Sucesso, entenda que cada categoria é um nível de sua consciência, do conhecimento que tem sobre si mesmo e da forma pela qual você molda sua realidade. É importante, portanto, que se detenha em cada categoria e desenvolva com base nela uma experiência ou significado pessoais.

Por favor, considere as dez categorias como uma hierarquia de níveis de compreensão. Essas categorias ainda não estão ordenadas por nível, portanto, por gentileza, organize-as por nível, como se resolvesse um quebra-cabeça. Isso ajudará na transformação de como organiza a própria visão da realidade e de si mesmo. Talvez você precise fazer algumas tentativas de organização das categorias para resolver o quebra-cabeça. Não existe uma solução absolutamente correta, mas mostraremos em algumas páginas a representação mais precisa da hierarquia da consciência.

CAPÍTULO 7

Níveis de compreensão significam que cada categoria é um subconjunto da categoria superior anterior. Por exemplo, a categoria "Propósito" requer um nível mais alto de compreensão ou visão mais ampla do que "Planos", só para dar um exemplo. Portanto, quando colocar a categoria "Propósito" em sua hierarquia, por favor, considere seu nível de compreensão e visão.

As categorias do Indicador do Sucesso

Eis as dez categorias do Indicador do Sucesso listadas em ordem aleatória. Após ler as definições, organize-as em ordem hierárquica.

CATEGORIA   DEFINIÇÃO

Resultados   Evidência de que você está no caminho certo para manifestar seu propósito, visão, objetivos e planos; uma bússola; o que sobra depois que você entra em ação.

Missão   Chamado interior para realizar uma atividade ou executar um serviço; vocação; a área da vida em que você manifestará seu propósito.

Compromissos	O que está determinado a fazer; pendência a cumprir; condição de estar emocional ou intelectualmente ligado a alguém ou algo, como uma forte crença.
Ser	A essência de um ser humano; a totalidade de todas as coisas que existem; as qualidades que constituem uma existência ou essência; sua natureza básica.
Táticas	Ações a serem executadas passo a passo para implementar planos; uma série de passos para atingir um objetivo ou implementar um plano.
Objetivos	Realizar algo por certo tempo; "o quê e o até quando".
Visão	O que você pode ver no futuro, como um sonho do que é possível; uma imagem mental produzida pela imaginação para ver com os olhos da mente; competência ou percepção incomuns; previsão inteligente.
Estratégias	Abordagem a ser adotada ou método a se usar para cumprir um objetivo específico; como você vai manifestar seus objetivos; abordagens ou alternativas.

CAPÍTULO 7

Planos	Para formar um esquema ou um programa para o cumprimento de uma meta; para fazer uma representação gráfica, por exemplo, uma planta; como você executará as estratégias formuladas.
Propósito	A razão pela qual você está aqui, a razão de sua existência; *raison d'être*; descreve ou se conecta com sua natureza básica ou ser.

Por favor, use o espaço a seguir (ou páginas adicionais em um diário) para as várias tentativas de organizar sua compreensão das dez categorias em uma hierarquia contextual.

Pausa

Por favor, não vá para a próxima seção do processo do Indicador do Sucesso sem antes ter organizado para si mesmo as peças do quebra-cabeça, sem tê-las arranjado em uma hierarquia contextual significativa e depois confirmado seu entendimento. Ao organizar sua hierarquia contexual, estará criando para si mesmo uma compreensão própria, que vai ajudá-lo a obter mais discernimento ao concluir o Indicador do Sucesso. Nossa representação da hierarquia é revelada a seguir. Confira o quadro ao lado para ver se sua hierarquia contextual é similar.

CAPÍTULO 7

**O Indicador do Sucesso™
Hierarquia Contextual**

SER
PROPÓSITO
MISSÃO
VISÃO
COMPROMISSOS
OBJETIVOS
ESTRATÉGIAS
PLANOS
TÁTICAS
RESULTADOS

O triângulo indica que cada categoria é um subconjunto da categoria anterior, mais elevada.

Capítulo 8

Oitava Etapa:
Criação de Propósito e Possibilidades Futuras: o Indicador do Sucesso

Neste capítulo, você terá a oportunidade de aplicar cada uma das dez categorias de Indicadores do Sucesso a você e à sua vida – literalmente criando seu futuro! É um trabalho sério e difícil, mas, ao mesmo tempo, revigorante e repleto de emoção.

Quando acabar de completar a moldura, terá um instantâneo ou imagem atual de quem você é e da visão que tem de sua realidade, seu ego e sucesso futuro; então, por favor, pense com cuidado e consciência nas respostas.

Suas respostas em cada categoria podem ser escritas ou ilustradas. Com frequência, ao completar o Indicador do Sucesso, as pessoas tiram fotos de revistas, de *sites* da internet ou usam a própria câmera e colam as fotos no que é popularmente chamado de "diário de sonhos". Essas imagens ajudam a elucidar cada nível de compreensão e à sensação que se tem ao completá-lo, em especial os níveis de visão e resultados.

~REFLEXÃO~
Crie o próprio Indicador de Sucesso

Ser

Ser é sua existência ou conexão com todos os seres humanos em um nível superior de consciência. Pode ser entendido como dado por Deus ou como algo espiritual. Sua alma — maior, mais expansiva e mais poderosa do que sua mente ou seu corpo — o conecta a seu ser.

Use este espaço para refletir sobre seu senso de conexão espiritual com toda a humanidade. Depois, use a página seguinte para começar a construir seu Indicador do Sucesso e seu próspero futuro.

CAPÍTULO 8

Espaço adicional...

Os níveis contextuais de compreensão do "porquê"

Propósito

Seu propósito é a razão pela qual você está aqui, nesta vida. É aquilo com que você compromete sua vida, algo maior que você, em que se colocam seus talentos, valores e visão singulares a serviço da criação de um mundo melhor. Ele é parte da motivação subjacente e da força motriz que orienta suas ações, trazendo-lhe realização. O propósito envolve um processo que corre ao longo da sua vida e para o qual pode estar sempre trazendo descobertas e melhorias. É algo que o compele a fazer a diferença na sua vida, na vida dos outros e na situação do mundo.

A citação seguinte, de George Bernard Shaw, caracteriza o espírito de propósito de uma pessoa:

"Esta é a verdadeira alegria na vida, ser útil a um propósito que nós mesmos reconhecemos como nobre; ser uma força da natureza em vez de um pequeno torrão egoísta de doenças e queixas reclamando que o mundo não se empenha em fazê-lo feliz. Quero estar completamente esgotado quando morrer, pois quanto mais trabalho mais eu vivo. Alegro-me com a vida pelo simples fato de vivê-la. A vida não é uma "breve chama" para mim. É uma espécie de esplêndida tocha que seguro no momento e quero fazê-la queimar com o maior brilho possível antes de passá-la às futuras gerações." (*Man and Superman*, 1973.)

CAPÍTULO 8

Com certeza você vai desejar entender seu propósito, para que ele possa guiar seu desenvolvimento pessoal, saúde mental e bem-estar, suas amizades, relacionamentos românticos e familiares, seus estudos acadêmicos, seu rumo na carreira e, por fim, para que possa ajudá-lo a projetar uma estratégia de trajetória de vida que comunique sua consciência e a diferença que gostaria de fazer no mundo.

Para atingir seu propósito, use seus sonhos ou suas visões para a vida que deseja viver e o mundo que quer criar. Seus sonhos e visões são aqueles que você entende serem importantes para você; honre seus sonhos. Outro modo de refletir sobre seu propósito e chegar a um bom entendimento é pensar quais problemas e preocupações existentes no mundo o atraem, que coisas são importantes para você e lhe evocam emoções. Um terceiro meio de descobrir seu propósito é prestar atenção, em seu eu mais profundo, naquela voz em sua cabeça, a voz da sua consciência, o que os gregos chamavam de *daimon* (pronuncia--se *di-mon*; o significado original em grego é "espírito, gênio que o guarda"). Seu *daimon* é essa voz, seu espírito orientador que o guiará para que saiba qual é o propósito que Deus lhe deu. Às vezes, seu propósito é encontrado por meio da tragédia – algo que lhe aconteceu na infância, como um evento traumático derivado de contato físico ou abuso sexual, o alcoolismo dos pais, abuso de drogas ou alguma outra dinâmica familiar que tenha lhe causado impacto.

As experiências de sua vida, em suma, falarão com você quando estiver disposto a ouvir a que fim seu propósito poderia servir. É bem provável que as coisas não fiquem tão claras na primeira eventualidade ou tentativa. Esse processo pode lhe custar várias tentativas, pois, uma vez que se acostume com uma categoria e continue levando a vida diária, aos poucos irá se detendo no que surge e no que está pensando e sentindo.

Dica: Eis algumas características de uma declaração de propósito eficaz.

1. Clara e concisa, não mais do que uma a cinco frases.

2. No presente, por exemplo: "Faço a diferença em tudo o que realizo".

3. Simples de entender e lembrar.

4. Coerente com seus valores e visão.

5. Inclui "por que", "quem" ou "o quê" você afeta positivamente.

6. Se refere a um processo ao longo da vida que talvez nunca seja totalmente conquistado ou superado.

7. Pode ser realizado com seu esforço.

8. Obriga-o a agir com paixão, energia e compromisso.

9. É uma expressão única de você.

10. É inspirador para você (e possivelmente para os demais).

CAPÍTULO 8

Meu propósito é:

Missão

Quando tem uma missão na vida, a pessoa sente um desejo interior de exercer uma atividade ou de prestar um serviço à humanidade. Isso, às vezes, é um pressentimento, sendo importante, portanto, ouvirmos a intuição. Sua missão representa a trilha que você segue em uma área a fim de manifestar seu propósito. Sua missão é algo que você sabe que está destinado a fazer em prol da criação de um mundo melhor. Aliada a seu propósito, faz parte da motivação subjacente e força motriz que guia suas ações, trazendo-lhe realização.

Algumas pessoas – líderes religiosos, professores, médicos, terapeutas – podem ouvir um chamado vocacional que está diretamente conectado ao propósito de vida. Uma pergunta central a ser feita ao formularmos nossa missão é "onde" no mundo vamos manifestar nosso propósito: "Onde meu chamado é necessário para os outros?". Eis alguns exemplos de declarações de missão: "Presto serviço a adolescentes, ajudando-os a sentir segurança emocional e novas energias; torno mais fácil se amarem uns aos outros, como se todos fossem líderes da escola", e "crio um grupo saudável, feliz e próspero, que aprende sobre desenvolvimento humano e leva a atenção plena (*mindfulness*) para a cultura da família".

Compreender sua missão o ajudará na seleção de áreas acadêmicas de estudo a serem trilhadas profissionalmente para auxiliá-lo a alcançar aqueles que precisam de sua vocação e do projeto de uma estratégia de vida que comunique sua compreensão e a diferença que gostaria de fazer no mundo.

Com referência ao primeiro exemplo de declaração de missão, um adulto em transição faria planos para estudar

CAPÍTULO 8

psicologia do adolescente, aconselhamento pastoral ou educação, e começaria a criar oportunidades profissionais em contextos educacionais. Embora você possa optar por se alinhar à missão de uma organização, sua missão é pessoal, é parte de você, não importa onde esteja empregado ou atue como voluntário. Áreas em que podemos considerar possível ofertar uma contribuição com nossa missão são com frequência: família, profissão, carreira, nossa própria saúde e bem-estar, amizades, casamento, organizações comunitárias, política e, entre inúmeras outras, filantropia sem fins lucrativos.

Dica: Eis algumas características de uma declaração de missão eficaz.

1. Clara e concisa; não mais de cinco a sete frases.

2. No tempo presente, por exemplo: "Sou instrutor de cura emocional em famílias e escolas".

3. Coerente com seu propósito e visão.

4. Inclui "quem" ou "o quê" você afeta de modo positivo e "onde" isso acontece no mundo.

5. Evoca sua própria compreensão de vocação interior.

6. É significativa para você.

7. É sua expressão única.

Minha missão é:

CAPÍTULO 8

Os níveis contextuais de compreensão do "o quê"

Visão

Você pode criar seu futuro. Muitos de nós ralamos dia após dia, vivendo como se estivéssemos apenas desempenhando papéis em uma peça teatral já escrita para nós. Essa peça *não* foi escrita. Você tem de criá-la por meio da visão de seu futuro ideal. Visão é o projeto de seu destino na vida; é o sonho de como quer que sua vida seja. Uma compreensão clara de sua visão responde a duas perguntas: "O que estarei fazendo?" (atividades) e "Como vou me sentir?" (energia).

Costuma ser fácil imaginar as atividades e tarefas que você estará fazendo e o sucesso de que vai estar desfrutando ao realizá--las. É, às vezes, mais difícil imaginar sua energia, com que comportamentos pessoais e relacionamentos, com que atitudes e traços de caráter vai conviver para produzir os resultados que deseja.

Sua visão é o que você vê ser possível para você, para o mundo e para suas contribuições e realizações. Ao formular uma visão ou sonho, não pergunte: "Isso é realista?", pois, se está criando o próprio destino, você decide se seus sonhos se tornam realidade ou não.

Com certeza você vai querer entender sua visão, para que ela possa guiar suas opções de vida e impulsioná-lo rumo a seu futuro eu. Sua visão pode ajudá-lo a alcançar aqueles que precisam de sua vocação e, assim, traçar estratégias de vida e carreira que se relacionem ao conhecimento que você tem de si e à sua visão para uma vida e um mundo melhores.

Dica: Eis algumas características de uma declaração de visão eficaz.

1. No tempo presente, por exemplo: "Todo dia sou desafiado em meu trabalho com crianças e energizado pelas contribuições que sei que estou fazendo para garantir que elas não sofram no mundo".

2. Inclui mais detalhes específicos de ação do que amplas generalidades; por exemplo: "Sou voluntário uma noite por semana no hospital e vivencio a sensação de pertencimento", em vez de "Sirvo aos outros".

3. Combina o que você está fazendo (atividade ou tarefa) com o que está sentindo ao fazê-lo (energia).

4. Inclui informações sobre todos os aspectos do seu futuro: escola, família, relacionamentos, trabalho, lado espiritual, social, físico, emocional, financeiro, entre outras.

5. É coerente com seus valores, propósito de vida e missão.

6. Deve ser algo que realmente queira, não algo que deveria querer.

7. Formulado por você, de fato criado por você com base em seu próprio senso interior do que é possível para *você*! Observe: não seus pais, irmãos ou outras pessoas em sua vida.

CAPÍTULO 8

Minha visão é: (Para representar sua visão, por favor, sinta-se à vontade para usar palavras escritas, desenhos e imagens em um diário à parte, ocupando o espaço que precisar. Isso é popularmente conhecido como "diário dos sonhos".)

Compromissos

Compromisso é o triunfo da possibilidade sobre a resignação, é criar o destino da sua vida *versus* tê-lo determinado para você por outras pessoas. Seus compromissos o capacitam a ir além do que é confortável ou previsível, além dos limites que você achava que tinha – rumo a uma vida dinâmica e desafiadora de contribuição ativa e com autoexpressão. Seus compromissos são aquilo em que acredita, sua base, ou postura tomada.

Seu compromisso é o que você prometeu fazer, é tomar uma posição, por você, pelo mundo e por suas contribuições e realizações. Ao determinar seu conjunto de compromissos, não pergunte: "Meus compromissos vão me ajudar a me tornar famoso?". Seus compromissos são suas convicções profundamente arraigadas, não importando o que possam significar para os outros.

Com certeza você vai querer entender seus compromissos para que eles possam servir de guia para suas opções de vida e como apoio para suas características pessoais, seu bem-estar psicológico e emocional, seus relacionamentos, estudos acadêmicos, rumo na carreira, decisões de família, transformando assim sua visão em realidade numa vida que seja a expressão de sua consciência. Seus compromissos devem estar expressos em cada comunicação e ação, de cada parte de sua vida.

CAPÍTULO 8

Dica: Eis algumas características de uma declaração de compromisso eficaz:

1. No tempo presente, por exemplo: "Estou empenhado em tornar meu propósito conhecido no mundo por meio da *performance* musical".

2. Inclui detalhes de crenças específicas em vez de amplas generalidades; por exemplo: "Acredito no poder da *performance* musical para transformar as experiências das pessoas de bem no mundo", em vez de "Adoro música".

3. Inclui informações sobre todos os aspectos do seu futuro: escola, família, relacionamentos, trabalho, lado espiritual, social, físico, emocional, financeiro, entre outras.

4. É coerente com seus valores e propósito de vida, com sua visão e sonhos, e com sua missão.

5. Os compromissos são seus, e não derivações dos compromissos alheios.

Estou comprometido com:

CAPÍTULO 8

Objetivos

Muitos de nós pensamos que nossos objetivos são nossos sonhos. Quando perguntamos a um jovem adulto quais eram seus sonhos de vida, ele respondeu com muita confiança: "Meu sonho é ir para Harvard!". Mas, logo depois, acrescentou em um tom mais incerto. "Acho que é um objetivo, não um sonho. Acho que realmente não sei quais são meus sonhos ou mesmo como sonhar."

Sonhos são concebidos em níveis mais elevados no Indicador do Sucesso, e os objetivos ganham mais significado quando estão alinhadas a propósito, missão, visão e compromissos. Os objetivos têm uma importância singular. Eles são o ponto em que "o pneu encontra a estrada", em que precisamos ter a responsabilidade de agir, transformando sonhos em realidade.

Ser aprovado e cursar uma faculdade, universidade ou escola profissional é apenas uma baliza, um passo no caminho para a realização de um sonho. A visão relatada pelo rapaz como objetivo parcial poderia ser "treinar com as maiores cabeças da minha área de estudos um modo de enfrentar os problemas da sociedade".

Uma das características definidoras de um objetivo é que ele é uma declaração sobre o que você vai fazer ou alcançar e quando – por exemplo: "Meu objetivo é ser aceito em Harvard em maio deste ano". Observe o "quê", ser aceito em Harvard, e o "quando", em maio.

Outro exemplo de uma declaração de objetivos seria "completar a Maratona de Boston no próximo mês de abril".

O sonho relacionado seria "ter mais bem-estar físico e transformar em uma façanha emocionante a cura de uma saúde precária".

Os objetivos harmonizam seu propósito maior, sonhos e compromissos com as estratégias que você utilizará para manifestá-los. Inclua informações sobre todos os aspectos de seu futuro: projetos que gostaria de completar, vida social, relações familiares, condicionamento físico, bem-estar mental e realizações profissionais, entre outras possibilidades.

Seus objetivos devem incentivá-lo, capacitá-lo a agir e serem coerentes com seus sonhos; o que significa que devem ser coisas que você *deseja* realizar. O presidente Franklin D. Roosevelt preparou uma longa lista de objetivos para sua vida quando tinha 14 anos de idade, e nessa lista constava tornar-se presidente dos Estados Unidos!

Dica: Eis algumas características de declarações de objetivos eficazes.

1. No tempo presente, por exemplo: "Vou aumentar minha distância de corrida para oito quilômetros no meu próximo aniversário".

2. Inclui referências específicas à sua visão mais ampla ou sonhos para sua vida.

3. Inclui informações sobre todos os seus objetivos futuros: escola, família, relacionamentos, trabalho, lado espiritual, social, físico, emocional, financeiro, entre outras.

4. É coerente com seus valores e propósito de vida, e com seus sonhos.

5. É precisa e concisa; cada objetivo com cerca de uma ou duas frases.

Meus objetivos são:

CAPÍTULO 8

Os níveis contextuais de compreensão do "como"

Estratégias, planos e táticas

Usando o exemplo de correr a Maratona de Boston (que é um passo no caminho da realização de seus sonhos de muita saúde e bem-estar), você precisa formular estratégias, planos e táticas que o ajudarão a atingir esse objetivo. Em outras palavras, estratégias, planos e táticas respondem à pergunta sobre "como" alcançar seus objetivos.

Considere várias alternativas estratégicas para cada um de seus objetivos, decida-se entre elas e vá em frente. Por exemplo, você vai precisar adotar um novo programa de treinamento e uma nutrição mais saudável. Há duas estratégias – treinamento e nutrição – para alcançar esse objetivo e se alinhar com seus sonhos e propósito de vida.

Completar o Indicador do Sucesso é um plano que é parte integrante dessas estratégias, e você estará cumprindo ações, passos ou táticas para realizar esse plano.

Se deseja obter treinamento personalizado sobre como atingir seus objetivos e formular estratégias alternativas, talvez você queira se inscrever em um *workshop*. Terá de colocar o tempo extra em sua agenda, fazer arranjos para cumprir as obrigações com a família e fazer planos para viajar para o local do *workshop*. Essas táticas o levarão a alcançar o objetivo declarado.

Nesta categoria, você vai formular várias estratégias, assim como planos concretos e táticas para cada alternativa estratégica.

Dica: Eis algumas características de estratégias, planos e táticas eficazes.

1. São vinculados diretamente a objetivos específicos, por exemplo: "Vou me inscrever em um *workshop* de Bem-Estar Pessoal, traçar um percurso, fazer arranjos familiares e depois dirigir até o *workshop*, para me dar um tempo pessoal para reflexão".

2. Inclui referências específicas aos objetivos para sua vida.

3. Inclui informações sobre todos os seus objetivos futuros: escola, família, relacionamentos, trabalho, objetivos espirituais, sociais, físicos, emocionais, financeiros, entre outras.

4. É coerente com seus valores e propósito de vida, e com seus sonhos.

5. Elenca os objetivos formulados antes, acompanhados das várias alternativas estratégicas para cada um.

6. Planos e táticas que abordam o "como" devem ser vinculados diretamente a cada alternativa estratégica e serem bem específicos em sua descrição.

CAPÍTULO 8

Minhas estratégias, meus planos e minhas táticas para cada um de meus objetivos são:

O nível contextual de compreensão da "evidência"

Resultados

Os resultados fornecem evidências de que você está no caminho certo para manifestar seu propósito, visão, missão, compromissos, objetivos, estratégias e planos. Os resultados servem como uma bússola para onde você quer chegar. Resultados são aquilo que ocorre depois que você entra ação. São o que você tem em sua vida. E é possível verificar consigo mesmo se os resultados que produziu são aqueles que desejava e se estão alinhados com seus sonhos e objetivos.

Os resultados podem ser intangíveis, como sentimentos de emoção e orgulho ao correr com outras pessoas na Maratona de Boston, ou tangíveis, como cruzar a linha de chegada e ganhar uma medalha pela conclusão.

Você está produzindo, de maneira contínua, resultados em sua vida, quer tangíveis, quer intangíveis, e pode determinar se são aqueles que espera, aqueles que representam ou não seus mais elevados propósitos e missão de vida.

Às vezes, é útil começar tendo os resultados em mente como foco e, em seguida, determinar as outras categorias a partir dessa categoria básica de compreensão. Pergunte que resultados deseja produzir no dia a dia em sua vida e faça depois a verificação das categorias do Indicador do Sucesso. Os resultados que deseja produzir devem estar estritamente alinhados com aqueles que você formulou em sua declaração de visão.

CAPÍTULO 8

Os resultados que quero produzir são:

Capítulo 9

Crie uma Equipe de Apoio

Agora que completou o Indicador do Sucesso, você tem a oportunidade de reunir membros de uma equipe em que possa confiar para dar apoio ao seu novo eu, seu ego transformado, e ao futuro que está criando. Apoio é importante – não dá para levar esta vida sozinho.

O que se entende por apoio?

O apoio pode se enquadrar em várias categorias. Com frequência achamos que se estamos "lá", ouvindo os problemas, preocupações e dúvidas de outra pessoa, estamos lhe dando apoio. Ouvir sem julgar é o primeiro passo, mas depois queremos alguém que possa nos oferecer orientação sobre os passos que vêm depois, mesmo que isso nos tire da zona de conforto. Reflita sobre a experiência bem recente de completar o Indicador do Sucesso e conclua, por si mesmo, se as outras pessoas ao redor estão simplesmente "lá", ao seu dispor, ou se de fato o ajudariam a alcançar os resultados desejados.

O apoio está presente quando as pessoas ao seu redor o capacitam a transformar a qualidade de sua vida enquanto você se mantém honesto consigo mesmo, com seu propósito de vida, com sua visão e seus compromissos. O apoio está presente quando você fez grandes promessas de capacitação e as demais pessoas vão interagir com você com base nessas promessas.

Ou se tem o que se quer ou todas as razões para não tê-lo. Apoio é quando as pessoas ao seu redor o ajudam a ter o que deseja, e não a encontrar motivos para não tê-lo, reforçando suas razões para isso (talvez você já faça isso muito bem por conta própria).

Se as pessoas em nossa vida não se ajustam a esses critérios, está na hora de fazer alguns ajustes no modo como as pessoas interagem conosco fazendo pedidos claros e se comunicando de maneira mais incisiva. Às vezes, ou muitas vezes, é apropriado se aproximar de um grupo inteiramente novo de pessoas que apoiem *de fato* o que você está disposto a fazer.

Pessoas que compartilham um propósito ou uma missão criam apoiadores que se empoderam mutuamente, mas, como eles podem acabar não pensando exatamente como você, esteja aberto a fazer novas conexões.

Esclareça o que realmente está pedindo que alguém faça – seja ao pedir que atue como fonte de contínua capacitação ou que o ajude em uma tarefa específica. Se alguém mostrar preferência por ter um papel na equipe diferente de sua solicitação original, negocie o que funcionaria melhor para os dois. Algumas pessoas podem recusar o pedido para estar em sua equipe de apoio, e não há absolutamente nada de mal nisso; elas têm o direito de escolha. Não se aprofunde demais no assunto; compreenda que elas estão na própria jornada, deseje-lhes felicidade e estenda a mão para outros.

CAPÍTULO 9

~ REFLEXÃO ~
Construindo sua equipe de apoio

Por favor, relacione no espaço fornecido as pessoas que você pretende ter em sua equipe de apoio. Serão aquelas que você quer ver lhe dando apoio para criar a vida que deseja, uma vida consistente com seu propósito, visão, missão e compromissos.

Por gentileza, descreva a função que elas vão desempenhar – o que quer que elas façam como membros de sua equipe. Se não tiver uma pessoa específica em mente, anote a função e faça planos para uma pesquisa, indagando sobre as qualificações, para garantir a necessária competência.

Muitas vezes, é útil requisitar o apoio de um *coach*, alguém que se comprometa com sua transformação, alguém comprometido com *você*. Nós estamos comprometidos com sua transformação.

AS OITO ETAPAS PARA ALCANÇAR O BEM-ESTAR

Equipe de apoio

Nome	Função
1.	
2.	
3.	
4.	
5.	
6.	

e mais...

CAPÍTULO 9

Capítulo 10

Reconhecendo a Si Mesmo e aos Outros

Trazer o Indicador do Sucesso para sua vida requer uma celebração de progresso. Para continuar aprendendo como você é ótimo, reconheça até mesmo os resultados ou realizações mais banais produzidos ao longo de sua vida diária.

~ REFLEXÃO ~
Reconhecendo seus resultados

Muitas vezes, não estamos cientes de que estamos produzindo resultados o tempo todo, quase de modo contínuo. Aproveite este tempo para uma observação profunda e liste, pelo menos, dez resultados que você tenha produzido hoje.

AS OITO ETAPAS PARA ALCANÇAR O BEM-ESTAR

Resultados

1. _____
2. _____
3. _____
4. _____
5. _____
6. _____
7. _____
8. _____
9. _____
10. _____

e mais...

_____
_____
_____
_____
_____

CAPÍTULO 10

Mostre também reconhecimento pelo que outras pessoas que participam de sua vida fizeram por você até agora. É verdadeiramente revigorante vivenciar a profundidade da alegria, da felicidade e do amor cultivados por aqueles que tanto significam para nós.

Você passou algum tempo lendo este livro, voltado ativamente para as Reflexões, fazendo escolhas sobre o que quer e aprendendo, entre outras coisas, a criar um novo eu. Ao refletir sobre bem-estar, sobre o Modelo do Eu Integrado, técnicas de visão e o Indicador do Sucesso, ampliou sua capacidade de criar a vida que deseja e que consegue imaginar com base em sua definição pessoal de sucesso. Você participou *diretamente* do processo criativo de transformação da sua vida.

Uma parte essencial do processo criativo é reconhecer o que aconteceu (ou sucesso total ou conclusão de uma etapa importante). Ao fazê-lo, você sugere ao seu eu interior que está no caminho certo. Também dá a ele a sugestão adicional de que você cumpre o que se propõe a cumprir.

CAPÍTULO 10

~ REFLEXÃO ~
Dar e receber reconhecimento

Para muitos, dar e receber reconhecimento requer prática:

- Faça questão de reconhecer plenamente os passos que deu desde que começou a ler este livro.

- Comece a observar e esteja aberto ao reconhecimento que recebe dos outros em sua vida diária.

- Identifique com frequência as pessoas presentes em sua vida que têm contribuído com você, com seu desenvolvimento, seu sucesso e sua felicidade.

Expressando seu propósito na vida cotidiana

Quem entre nós já passou pela vida sem saber quem era ou sem ter um paradigma para guiá-lo na compreensão de quem somos e por que fazemos o que fazemos? Talvez, se soubéssemos quem éramos, poderíamos ter tido acesso a experiências mais profundas em nossos relacionamentos. Poderíamos ter tido mais realizações em termos acadêmicos e melhores perspectivas de emprego, que refletissem mais de perto nossa natureza e talentos inatos.

Ao obter uma compreensão mais completa de nosso potencial único, podemos encontrar um caminho mais direto para alcançá-lo ao navegar neste compasso acelerado da vida contemporânea, caracterizada por rápidas mudanças. Nos períodos em que avassaladoras crises pessoais e profissionais ameaçam nossa saúde mental e física, temos de encontrar os recursos e métodos espirituais, psicológicos e emocionais necessários para atravessar esses tempos.

Este livro baseou-se em pesquisas e melhores práticas de uma ampla variedade de disciplinas de desenvolvimento humano, em que o autoconhecimento é considerado um importante fator de proteção. Como ensinamos numerosos atributos do eu em nossas famílias, sessões de aconselhamento, *workshops* e salas de aula, as pessoas devem emergir de suas experiências de vida mais capazes de se sentirem bem, com maior compreensão do que significa ser saudável – em termos emocionais, físicos, intelectuais, psicológicos e espirituais. Uma vida feliz, saudável, florescente e bem-sucedida decorrerá do bem-estar e contribuirá para ele, impactando nossas preocupações humanistas.

CAPÍTULO 10

Parafraseando o psicólogo dos arquétipos Thomas Moore (1992): a "grande doença" de nosso tempo é a "perda da alma". E, quando a alma é negligenciada, ela não se limita a desaparecer, mas surge "de modo sintomático como obsessão, vício, violência e perda de sentido".

Ao longo deste livro, discutimos modelos de ego, transformação pessoal e bem-estar psicológico que são holísticos e podem ser implementados na vida diária.

Esperamos e oramos para que você esteja fortalecido e mais bem equipado para abordar, de maneira proativa, o próprio nível de existência e expressar sua alma.

Revisitando seu propósito para novos começos

Ao longo dos meses e anos que vêm pela frente, torne a visitar seu Indicador do Sucesso e as outras Reflexões para abrir novas possibilidades de crescimento, lembrar-se da evolução de seu propósito e reconhecer suas realizações. Faça de seu propósito uma parte da vida diária. Há relação dinâmica entre expressar seu propósito e continuar a aprender sobre ele com base em experiências cotidianas. Seu propósito se desenvolverá à medida que você se expressar, aprender e crescer.

Seu propósito está em ação mesmo nos momentos mais difíceis, mesmo quando você está com medo, com raiva e rabugento. Como um ser humano no mundo, em algum ponto do tempo você vai vivenciar dúvidas, crises em seu caminho, resistência de outras pessoas e até do próprio ego ante as novas direções que está escolhendo percorrer. Esteja se sentindo realizado ou em um atoleiro, feliz ou triste, procure se reconectar com as possibilidades que imaginou e não se esqueça de seu propósito de recuperar o foco, a energia e a esperança.

Estar desperto para seu propósito de vida e o desejo de fazer a diferença, beneficiando os demais, não significa que precise sacrificar sua felicidade e realização por causa dos outros, nem manter em sua vida pessoas que sejam nocivas. Seu propósito começa, em primeiro lugar, com a melhoria de *sua* vida.

Às vezes, pode parecer que está com dois pensamentos ou emoções conflitantes. Nessas ocasiões, use a palavra "e" e combine os dois pensamentos para enfatizar ainda mais, a si mesmo, que seu propósito e suas possibilidades o levarão ao caminho certo. Por exemplo, você pode estar triste em determinado momento *e* ainda assim continuar fazendo boas escolhas que ajudam a manifestar seu propósito de vida. Você pode ter a sensação de ter retrocedido alguns passos *e* ainda assim optar por ações positivas no presente momento. Pode estar trabalhando duro *e* se sentir alegre!

Você começará a ganhar um profundo senso de responsabilidade para defender seu propósito como parte de um mundo interconectado. Quando estiver conectado com seu propósito, recorrerá a recursos internos – autoconhecimento, coragem e resiliência – e a recursos externos – informação, parcerias e apoio.

Quando reconhecer que novas possibilidades em sua vida estão alinhadas ao seu propósito, lembre-se que estamos orgulhosos de ter você como parceiro para tornar este mundo melhor.

Acreditamos e, bem no fundo de nós mesmos, sabemos: podemos ajudar ao trazer os desenvolvimentos positivos e conhecimentos sobre bem-estar ao *mainstream* da vida

CAPÍTULO 10

contemporânea para todo o povo. O que nos mantém motivados é a possibilidade de realmente impactar a condição humana, de prover perspectivas e abordagens que possam ajudar as pessoas a entrar na trilha correta e criar caminhos para a felicidade, a saúde e uma vida próspera. Somos abençoados por termos descoberto isso por nós mesmos e esperamos ajudar os demais com o que temos aprendido.

Se ao ler este livro ou usá-lo em sua vida você foi auxiliado de alguma maneira, a menor que seja, em termos pessoais ou profissionais, você nos honrou. E, mais importante, honrou a si próprio.

Nota aos nossos leitores

Se tiver seus próprios exemplos de como esses métodos funcionaram, estaríamos interessados em ouvi-lo. Por favor, mande-nos um *e-mail* para compartilhar suas experiências:
Henry@Brzyckigroup.com
ou
Elaine@Brzyckigroup.com

Se deseja se aprofundar um pouco mais em algum dos conceitos e atributos pessoais apresentados neste livro, por favor, consulte nossos três livros anteriores listados nas referências bibliograficas e aqui:

The Self in Schooling: How to Create Happy, Healthy, Flourishing People in the 21st Century, ISBN: 0988716100

Student Success in Higher Education: Developing the Whole Person through High-Impact Practices, ISBN: 0988716155

Mental Health for All Toolkit: Teachers, Parents, and Students, ISBN: 0988716186

Referências Bibliográficas

Achor, S. *The Happiness Advantage*. Nova York: Random House, 2010.

Bandura, A., Barbaranelli, C., Caprara, G. V. e Pastorelli, C. "Self-Efficacy Beliefs as Shapers of Children's Aspirations and Career Trajectories." *Child Development* 72(1), 2001, pp. 187-206.

Beattie, M. *Codependent No More*. Nova York: Harper & Row Publishers, 1987.

Borysenko, J. *Minding the Body, Mending the Mind*. Reading, MA: Addison-Wesley, 1987.

Bradshaw, J. *Homecoming: Reclaiming and Championing Your Inner Child*. Nova York, NY: Bantam Books, 1990.

Brown, F. e LaJambe, C. *Positive Psychology and Well Being: Applications for Enhanced Living*. San Diego, CA: Cognella, 2016.

Brzycki, E. J. e Brzycki, H. G. *Mental Health for All Toolkit: Teachers, Parents, and Students*. State College, PA: BG Publishing, 2019.

Brzycki, E. J. e Brzycki, H. G. *Student Success in Higher Education: Developing the Whole Person through High-Impact Practices*. State College, PA: BG Publishing, 2016.

Brzycki, H. G. *The Self in Schooling: Theory and Practice: How to Create Happy, Healthy and Flourishing Children in the 21 Century*. State College, PA: BG Publishing, 2013.

Brzycki, H. G. "The Self in Teaching and Learning." *In*: *Educational Psychology Reader: The Art and Science of How People Learn*, organizado por G.S. Goodman, pp. 681--700. Nova York: Peter Lang, 2010.

Campbell, J. *Transformations of Myth Through Time*. Nova York: NY: Harper Row Publishers, 1990.

Centros de Controle e Prevenção de Doenças. *Public Health Action Plan to Integrate Mental Health Promotion and Mental Illness Prevention with Chronic Disease Prevention*, 2011-2015. Atlanta: US Department of Health and Human Services, 2011.

Damasio, A. *Descartes' Error: Emotion, Reason, and the Human Brain*. Nova York: Penguin, 1994.

Dewey, J. *Art as Experience*. Nova York, NY: Penguin Books, 1934.

Erikson, E. *Identity and the Life Cycle*. Nova York: Norton, 1980.

Felitti, V. J. e Anda, R. F. "The Relationship of Adverse Childhood Experiences to Adult Medical Disease, Psychiatric Disorders, and Sexual Behavior: Implications for Healthcare." *In*: *The Hidden Epidemic: The Impact of Early Life Trauma on Health and Disease*, organizado por R. Lanius & E. Vermetten. Cambridge: Cambridge University Press, 2009. http://www.unnaturalcauses.org/assets/uploads/file/ACE%20Study-Lanius.pdf.

Felitti, V. J., Anda, R. F., Nordenberg, D., Williamson, D. F., Spitz, A. M., Edwards, V., Koss, M. P. e Marks, J. S. "Relationship of Childhood Abuse and Household Dysfunction to Many of the Leading Causes of Death in Adults: The Adverse Childhood Experiences (ACE) Study." *American Journal of Preventive Medicine* 14: 1998, pp. 245-58.

Friend, J. H. e Guralnik, D. B. *Webster's New World Dictionary*. Boston, MA: Houghton Mifflin Harcourt, 1953.

Fritz, R. *The Path of Least Resistance*. Salem, MA: DMA, Inc., 1984.

Frost, R. "Happiness Makes Up in Height for What It Lacks in Length." *In The Poetry of Robert Frost*. Nova York, NY: Henry Holt and Company, 1949.

Gabriel García Márquez Citação. (s.d.). *HispanaGlobal.net*. Acessado em 12 de abril de 2021 em HispanaGlobal.net website: https://hispanaglobal.net/10-amazing-quotes-from-latino-authors/.

Gardner, H. *Frames of Mind: The Theory of Multiple Intelligences*. Nova York: Basic Books, 1983.

Gilligan, C. *In a Different Voice: Psychological Theory and Women's Development*. Cambridge, MA: Harvard University Press, 1982.

Gilmour, D. e Waters, R. *Comfortably Numb*. Surrey, England: Pink Floyd Music Publishers Ltd., 1979.

Goleman, D. *Emotional Intelligence: Why It Can Matter More than IQ*. Nova York: Bantam Books, 1995.

Gorman, A. *The Hill We Climb and other Poems*. Nova York: Penguin Random House, 2021.

Harter, S. *The Construction of the Self: A Developmental Perspective*. Nova York: Guilford Press, 1999.

Hillman, J. *The Soul's Code: In Search of Character and Calling*. Nova York: Random House, 1996.

Hillman, J. *The Force of Character and the Lasting Life*. Nova York, NY: Random House, 1999.

Joyce, J. *Portrait of the Artist as a Young Man*. Nova York, NY: Penguin Books, 1916.

Jung, C. G. *The Structure and Dynamics of the Psyche (Collected Works of C.G. Jung, Volume 8)*. Nova York, NY: Bollingen Foundation, 1970.

Lopez, S. *Hope, Academic Success, and the Gallup Student Poll*. Omaha, NE: Gallup, 2009.

Marcia, J. E. "Identity and Self Development." Em *Encyclopedia of Adolescence* (vol. 1), organizado por R. Lerner, A. Peterson, & J. Brooks-Gunn. Nova York: Garland, 1991.

Marcia, J. E. "Identity and Psychosocial Development in Adulthood." *Identity: An International Journal of Theory and Research* 2:7-28., 2002, p. 142.

Moore, T. *Care of the Soul: A Guide for Cultivating Depth and Sacredness in Everyday Life*. Nova York: HarperCollins, 1992.

Odum, H. T. "Self-Organization, Transformity, and Information." *Science* 242: 1988, pp. 1132-139.

Orth, U., Robbins, R. W. e Widaman, K. F. "Life-Span Development of Self-Esteem and Its Effects on Important Life Outcomes." *Journal of Personality and Social Psychology* 102(6): , 2012, pp. 1271-288.

Pablo Picasso Citações. (s.d.). *BrainyQuote.com*. Acessado em 12 de abril de 2021, em *BrainyQuote.com* website: https://www.brainyquote.com/quotes/pablo_picasso_108723.

Ryff, C. D. e Keyes, C. L. M. "The structure of psychological well-being revisited." *Journal of Personality and Social Psychology*, 69(4), 1995, pp. 719-27.

Seligman, M. E. P. e Csikszentmihalyi, M. "Positive Psychology: An Introduction." *American Psychologist* 55:, 2000, pp. 5-14.

Shaw, G. B. *Man and Superman*. Nova York: Heritage Press, 1962.

Shaw, G. B. *Back to Methuselah*. Biblio Bazaar, 1921.

Silverstein, S. Colors, from *Where the Sidewalk Ends*. Harper Collins, 1974.

Smith, W. "Fault vs Responsibility: Instagram Stories." Acessado em 12 de abril de 2021, de https://www.youtube.com/watch?v=Lm7YEQCckuI, 2018.

Swarbrick, M. "A Wellness Approach." *Psychiatric Rehabilitation Journal* 29(4): 2006, pp. 311-14.

Wiesel, E. *Night*. Nova York: Hill & Wang, 1960.

Williamson, M. *A Return to Love: Reflections on the Principles of A Course in Miracles*. Nova York, NY: Harper Collins, 1992.

World Health Organization. 2018. *Mental Health: Strengthening our Response*. Acessado em https://www.who.int/news-room/fact-sheets/detail/mental-health-strengthening-our-response.

Sobre os autores

Elaine e Henry geraram um acervo de trabalho para impactar a condição humana porque foram chamados a criar um mundo melhor. Ao explorar os propósitos de vida, geraram possibilidades para as pessoas criarem vidas felizes, saudáveis e prósperas. Durante quarenta anos, o trabalho dos dois transformou vidas individualmente, famílias, normas do ensino secundário, normas do ensino superior, vidas em comunidades, sempre para criar um mundo mais gentil, seguro e solidário. O conjunto de seu trabalho inclui:

- Três livros presentes nas listas dos mais vendidos.
- Numerosos artigos e análises de pesquisa.
- Mais de cinquenta *workshops* e cursos de desenvolvimento pessoal e profissional.
- Fundação do The Brzycki Group & The Center for the Self in Schools.

Henry obteve seu Ph.D. na Universidade do Estado da Pensilvânia, mestrado em Ciências Humanas da Universidade Tufts, Massashusetts, e graduação em Ciências Exatas do Babson College. Como reitor da Escola de Educação da Universidade Pública dos Estados Unidos, transformou programas de formação de professores e orientadores educacionais, levando-os a refletir sobre modelos visionários de educação. Elaine fez mestrado em Educação em Harvard e graduação em Ciências Humanas no Wellesley College. Ela liderou equipes multifuncionais de educação superior para desenvolver e apresentar conteúdo educacional em várias plataformas de mídia, visando à mobilização de estudantes e iniciativas de conscientização pública.

Graças ao grande acervo de trabalho de Elaine e Henry, as pessoas vêm priorizando a saúde mental e o bem-estar na própria vida, em famílias, escolas, faculdades e universidades e em comunidades. A obra de Elaine e Henry tem inspirado toda uma geração com novas políticas, melhores práticas na graduação de quatro anos e em instituições médicas e de terapia em saúde mental e bem-estar. O trabalho deles como líderes de pensamento ajudou na criação e na implementação de melhores práticas na educação pública do ensino médio, no aprendizado socieoemocional, em práticas sobre base traumática e mentalidade de crescimento e no ensino personalizado. Em faculdades e universidades, suas práticas de alto impacto têm sido usadas em serviços de aconselhamento e atendimento psicológico, aconselhamento acadêmico, e de carreira, engajamento estudantil e ensino do corpo docente.

O último livro dos dois atende às necessidades de nosso tempo em técnicas de impacto de saúde mental e bem-estar. Reunindo a experiência em aconselhamento, bem como em cursos e programas de desenvolvimento para indivíduos, casais, famílias e escolas, Elaine e Henry produziram um livro de métodos e recursos que transformará sua vida.

O trabalho deles levou a uma nova consciência social sobre a importância de se colocar a saúde mental e o bem-estar como parte central da criação de uma vida gratificante e bem-sucedida. Utilizado em mais de cinquenta países, esse trabalho vem tornando possível ampliar o bem-estar e a saúde mental em todo o mundo.

Este livro responde às indagações do momento presente, bem como às nossas próprias indagações e singulares, na hora certa.

Impresso por :

gráfica e editora
Tel.:11 2769-9056